LE DROIT DE BOURGEOISIE

ET

L'IMMIGRATION RURALE A METZ

AU XIIIe SIÈCLE

AF453219

(Extrait de l'*Annuaire de la Société d'histoire et d'archéologie de la Lorraine*, tomes XXX [1921], p. 513 à 639, et XXXIII [1924], p. 148 à 152).

Les références renvoient à la pagination du bas de la page.

LE DROIT DE BOURGEOISIE

ET

L'IMMIGRATION RURALE A METZ

AU XIIIe SIÈCLE

PAR

Edmond PERRIN

MAITRE DE CONFÉRENCES D'HISTOIRE DU MOYEN AGE A LA FACULTÉ DES LETTRES
DE L'UNIVERSITÉ DE GRENOBLE

BAR-LE-DUC

IMPRIMERIE CONTANT-LAGUERRE
36, Rue Rousseau, 36

—

1924

LE DROIT DE BOURGEOISIE

ET

L'IMMIGRATION RURALE A METZ

au XIIIᵉ siècle.

Les deux documents qui ont été l'occasion de la présente
étude, et dont on trouvera une reproduction in-extenso à
l'Appendice [1], appartiennent aux collections de la Bibliothèque Nationale à Paris (Nouvelles acquisitions françaises;
vol. 6731, pièce n° 31 et vol. 6732, pièce n° 108); ils y sont
entrés en 1896, avec l'ensemble des documents rassemblés par
A. Prost et légués par lui à la Bibliothèque Nationale [2].
Depuis, ils ne semblent pas avoir attiré l'attention des his-
toriens et Prost lui-même, autant que nous le sachions, n'y
fait allusion dans aucun des nombreux travaux qu'il a con-
sacrés à l'histoire de Metz; pourtant, ces deux documents
sont loin d'être sans intérêt.

Le Document II (B. N.; N. a. f. 6731, n° 31) est un rouleau de parchemin qui porte le titre suivant : « *Tuit cist
qui ci desous sont nommeit et escrit en cest parchemin sont
receut por manant de Mes et ont fait fauteit a la ville et ont
faict a la ville ceu k'il durent por lor fauteit. Ce fut fait l'an
de grace Nostre Signor M et CC et IIII*ˣˣ *et VI ans* ». Au-

(1) Voir p. 586 (Document I) et p. 590 (Document II).
(2) Voir *Auguste Prost, sa vie, ses œuvres, ses collections (1817-1896)*.
Paris, Klincksieck, 1897. (*Mettensia I.*)

dessous sont écrits les noms, avec souvent l'indication
d'origine, de 458 « manant »; ces noms sont disposés sur
deux colonnes. Ajoutons que ce rouleau de parchemin pro-
vient de la collection Emmery, ainsi qu'on peut le constater
au catalogue de cette collection, où il figure avec une courte
description, sous le numéro 712 [1].

Le Document I (B. N.; N. a. f. 6732, n° 108) est également un rouleau de parchemin, mais beaucoup moins
étendu que le précédent et qui débute ainsi : « *Cist firent
fautei quant li miliares corroit par M. et CC et XXXVIII ans* ».
Le même titre est reproduit à trois reprises avec l'indication
des millésimes *M et CC et XL ans; M et CC et XLI ans,
M et CC et XLII ans;* chaque titre est suivi de la mention
d'un certain nombre de noms de personnes, avec presque
toujours l'indication du lieu d'origine, soit au total
334 noms.

Bien que le titre du Document I soit moins complet que
celui du II, il ne saurait y avoir de doute sur son véritable
caractère; dans un cas comme dans l'autre, nous avons la
liste des individus qui ont été reçus « manant » de Metz et
qui ont prêté le serment (fautei) requis au moment de la réception; l'une de ces listes vaut pour la période 1239-1242;
l'autre pour la période qui va de 1286 à une date que nous
aurons à déterminer plus exactement par la suite. On voit
dès maintenant l'intérêt que présentent ces deux documents :
non seulement ils nous renseignent indirectement, il est
vrai, sur le droit de bourgeoisie à Metz, à une époque pour
laquelle nos renseignements sont fort rares, mais ils ont
surtout la valeur de statistiques et par eux, on peut soupçonner le mouvement de la population messine et aussi
l'attraction exercée par la grande cité sur les campagnes
environnantes.

Malheureusement, les documents sur le droit urbain et les

(1) *Catalogue des manuscrits et documents originaux relatifs à l'histoire
de la ville de Metz et du pays messin, depuis le VII° siècle jusqu'au XVIII°
provenant du cabinet de feu M. le comte Emmery Pair de France.*
Metz, Lecouteux, libraire, 1850.

institutions municipales de Metz au xiiie siècle sont très peu nombreux ; c'est de l'étude même de nos deux documents, étude paléographique et diplomatique, que nous tirerons quelques renseignements sur le droit de bourgeoisie, nous nous aiderons d'ailleurs de quelques documents d'une époque un peu postérieure et empruntés soit comme les listes en question aux volumes de la Bibliothèque Nationale, provenant des collections d'A. Prost, soit aux archives municipales de la ville de Metz; enfin, en utilisant les indications contenues dans les deux documents, nous chercherons à fixer, et ici le travail sera plus facile, la région sur laquelle s'exerçait l'attraction du centre urbain au xiiie siècle.

DESCRIPTION DES DOCUMENTS

La liste des nouveaux manants pour 1239-1242 (Document I) se présente sous un aspect relativement simple. C'est un petit rouleau formé de deux morceaux de parchemin, jadis cousus bout à bout, aujourd'hui rapprochés l'un de l'autre sur une même page où ils sont collés. Le bord inférieur du rouleau ne porte aucune trace de couture, il est donc vraisemblable que nous avons le rouleau au complet.

Toutes les mentions qui y sont portées (dates et noms) sont de la même écriture, on peut même ajouter de la même encre; les noms sont écrits l'un à la suite de l'autre, sous le titre de l'année; ils sont séparés soigneusement l'un de l'autre par un point et chaque nom de personne est écrit par une majuscule. Dans l'ensemble, c'est un travail bien ordonné; les mentions sont nettement séparées ; l'écriture est soignée et présente tous les caractères paléographiques de l'écriture du milieu du xiiie siècle.

On serait tenté de penser, au premier abord, que les mentions ont été écrites au fur et à mesure de la réception des nouveaux bourgeois, au moment même où ceux-ci prêtaient le serment de fidélité à la ville. Mais il faut, semble-t-il, rejeter cette hypothèse; il est plus probable que notre document est une *copie* qui a été établie vers le milieu du xiiie siècle, peut-être en l'année 1243, date à laquelle s'arrêtent les mentions des nouveaux bourgeois. Quelques remarques plaident en faveur de cette seconde hypothèse; d'abord, l'écriture est de la même main et de la même encre, ce qu'on ne saurait rencontrer dans un document rédigé au jour le jour, ou même simplement année par année, pour le cas où l'on admettrait que la réception après la prestation de serment et l'inscription avait lieu une fois seulement par an. Mais certaines hésitations ou erreurs du scribe prouvent, de façon décisive, que nous avons affaire à une copie. Parmi les mentions de l'année 1240, le scribe a écrit d'abord : *Roillon et Godefrin son frere de Revignei*, puis il s'est repris, a barré *Revignei* et a écrit au-dessus *Wirei*; cette erreur pourrait s'expliquer par la distraction d'un scribe recevant oralement la déclaration d'un postulant à la bourgeoisie mais en tout cas, une telle explication ne peut valoir pour l'erreur de la première ligne, où le scribe inscrivant la date des premières mentions, a d'abord écrit « *par M et CC et XLIII* », puis a barré *XLIII* et écrit à la suite « *XXXVIIII ans* ». Ce dernier détail nous laisse même supposer que c'est en 1243 qu'a été composé ce rôle qui est une mise au net et en même temps une récapitulation de listes ou de documents plus anciens.

Le document publié sous le n° II (B. N.; N. a. f. vol. 6731, pièce n° 31) se présente sous un aspect moins simple et pose des problèmes plus délicats que le précédent. Il est d'abord de dimensions plus étendues; il ne mesure pas moins de 2 m. 50 de long et est formé de cinq pièces de parchemin, qui, jadis cousues bout à bout, sont aujourd'hui séparées; collées sur des pages différentes du volume 6731 des Nouvelles acquisitions françaises de la Bibliothèque Nationale, elles portent respectivement les n°s 31, 31 A, 31 B, 31 C, 31 D. Le mode de composition du rouleau a assez d'importance pour que, dans notre transcription, nous ayons pris soin d'indiquer la séparation entre deux pièces de parchemin jadis cousues ensemble.

Les dimensions du rouleau s'expliquent par le plus grand nombre de mentions qu'en I, par le développement pris par certaines de ces mentions et aussi par la disposition adoptée par le scribe. Les mentions en effet, sont inscrites l'une au-dessous de l'autre, en deux colonnes qui se partagent la largeur du rouleau, disposition qui est d'ailleurs la plus fréquente au Moyen âge; la disposition en lignes horizontales continues, comme c'est le cas pour I, paraît plutôt exceptionnelle. Une étude aussi attentive que possible des mentions, de leur disposition et de l'écriture nous permettra de tenter de répondre aux questions suivantes : quelle est la date de composition du rouleau; avec quels documents et dans quel but a-t-il été composé?

Au premier abord, on est frappé du caractère peu soigné de l'écriture et du désordre de la composition; les mentions ne sont pas d'un type uniforme comme dans I : tantôt le scribe indique l'origine du nouveau bourgeois, tantôt il s'en dispense, et il en va de même pour son domicile, enfin certaines mentions sont plus développées, portent une date et, se détachant de la masse des mentions du type courant, prennent un caractère plus original. Mais le fait qui doit retenir notre attention est la diversité des écritures; manifestement plusieurs scribes ont travaillé au rouleau et on peut distinguer les groupes paléographiques suivants.

Un premier groupe, très net, comprend le début : « *Tuit cist... M et CC et IIII^{xx} et VI ans* », la première colonne de gauche depuis « *Jeinas de Saussures li merciers* » jusque « *Hanrias de Pairgney de la Vigne S. Avol* » (inclusivement) [1] et enfin une faible partie de la colonne de droite jusque « *Bernewis li arceneires* » [2]; la mention « *Jacob d'Airey* » est déjà d'une autre écriture.

Tout ce premier groupe est d'une écriture minuscule et soignée de la fin du XIIIe siècle, il paraît l'œuvre d'un même

---

(1) La mention « Hanrias de Pairgney de la Vigne S. Avol » se trouve dans le bas de 31 C; P. 602 E.

(2) Page 591 P.

scribe, qui ne se serait pas repris au cours de son travail mais l'aurait exécuté d'un seul jet.

En dehors de ce groupe, toutes les autres mentions sont d'une écriture cursive plus grosse, beaucoup moins soignée que la précédente, mais qui ne paraît pas d'une date sensiblement postérieure. Il est plus difficile dans cet ensemble de délimiter des groupes de même écriture; en voici cependant qui, à en juger par les caractères paléographiques, présentent une réelle unité et doivent être attribués chacun à un même scribe. Un groupe comprend les mentions qui débutent avec « *Jaikemins li fil Vivion de Hameiville* [1] » jusque « *En la manière desordite sont tuit cist manant et ont fait fauteit* [2] » (inclusivement) ; un autre va depuis « *Manant receut par MCC et IIII^xx et X ans* [3] » jusque « *Willames de S. Telier* » [4] (inclusivement); enfin, les dernières mentions, depuis « *Georges de Kiers d'Ast Lumbars ait fait a la ville ceu k'il dut* [5] » qui sont de la même écriture et qui toutes, sauf une [6], sont rédigées suivant la même formule, forment un groupe bien distinct.

Ces trois groupes présentent chacun une unité paléographique indiscutable; mais il est impossible, pour aucun d'eux, d'affirmer qu'il a été écrit en une seule fois; il est possible que les mentions, dont chaque groupe se compose aient été inscrites au fur et à mesure des circonstances. Enfin, en dehors de ces groupes, il reste un nombre assez élevé de mentions qui sont isolées et qui présentent des caractères paléographiques trop individuels pour qu'on puisse songer à tenter un groupement.

De ce premier examen, nous pouvons conclure que le rouleau, qui constitue le Document II, a été rédigé en plusieurs fois, par des scribes différents et comme les mentions qu'il contient se rapportent aux années 1286 et 1290, indiquées dans le texte, on est amené à penser dès maintenant que le

(1) P. 592 N.
(2) P. 597 I.
(3) P. 597 J.
(4) P. 605 B.
(5) P. 605 B.
(6) « Thierias Murlins de Bacort » (31 D). P. 605 D.

travail d'inscription commencé peu après 1286 s'est poursuivi les années suivantes, au fur et à mesure de l'entrée dans la cité des nouveaux bourgeois, et cela *au moins* jusqu'en 1290. Quelques renseignements tirés de la disposition même des mentions vont nous permettre de préciser.

Les cinq pièces de parchemin qui constituent le rouleau ne sont pas de même nature, et elles n'ont pas reçu la même préparation. La cinquième (31 D) est d'un parchemin bien différent des autres, plus blanc, moins souple surtout, et qui a été employé par le scribe tel quel, sans que celui-ci ait pris la précaution de le régler ; aussi, les mentions y sont-elles jetées sans ordre. Les autres pièces, au contraire, ont été réglées à la pointe par le scribe, mais de manière différente ; les deux premières pièces (31 et 31 A) ont été réglées avec beaucoup de soin, non seulement dans le sens de la largeur, mais encore en longueur ; trois traits parallèles tirés du haut en bas divisent le parchemin dans sa largeur et coupent les lignes horizontales : à gauche, un premier trait marque le début des mentions de la colonne de gauche, un second vers le milieu de la largeur marque la fin des mêmes mentions, un autre trait voisin de celui-là suffit à lui seul pour délimiter la colonne de droite. Les deux autres pièces (31 B et 31 C) présentent seulement des rayures horizontales et la première rayure verticale à gauche.

On peut donc se représenter que le travail de la composition du rouleau a été entrepris et poursuivi dans les conditions suivantes. Un premier scribe, chargé de dresser le tableau récapitulatif des nouveaux manants de 1286, a constitué un rouleau de deux feuilles de parchemin soigneusement réglées sur deux colonnes, ce qui lui offrait au total assez de place pour faire tenir tous les noms qu'il avait à écrire ; il entreprenait son travail dans les mêmes conditions que le scribe du Document I, réserve faite de la disposition sur deux colonnes. Le travail commencé, le plan fut modifié en cours d'exécution pour des raisons qui nous échappent totalement ; deux nouvelles pièces de parchemin (31 B et 31 C), réglées seulement sur une demi-largeur, furent ajoutées au rouleau primitif. Les noms se rapportant à l'année 1286 furent portés dans la colonne de gauche jusqu'au bas de 31 C, sauf un espace blanc de quelques centimètres maintenu dans le bas de 31 C, sans doute pour le coup d'œil; puis, le scribe revenant à 31, y inscrivit dans la colonne de droite les derniers noms de 1286. Les mentions qui suivent dans la colonne de droite s'espacent de 1287 à 1290; elles sont de scribes différents et on peut supposer que le travail d'inscription entrepris peu après 1286 a été poursuivi ensuite au fur et à mesure des nouvelles entrées, qui ont été notées dans la colonne de droite, jusqu'au moment où, parvenu au bas de la colonne de droite de 31 C, le scribe a rempli l'espace resté libre à gauche au-dessous de *Hanrias de Pairgney de la Vigne S. Avol;* puis n'ayant plus de place disponible, il a ajouté au rouleau une cinquième pièce de parchemin (31 D) et comme il avait encore six mentions à écrire, il les a portées sur deux colonnes [1]. Il y a eu alors sans doute un arrêt dans le travail, et quand celui-ci fut repris, le scribe sachant le nombre de mentions qu'il avait à écrire, et jugeant suffisante la place dont il disposait, a renoncé au système des deux colonnes et a inscrit les mentions les unes au-dessous des autres, dans un désordre un peu désagréable à l'œil, puisque le parchemin n'était pas réglé.

Les déductions que nous avons tirées de l'examen du document lui-même pourront paraître subtiles et peu convaincantes, en l'absence surtout d'une reproduction photographique, qui seule pourrait donner une idée de la diversité des écritures. Mais, dans l'ensemble, on acceptera, je crois, les conclusions suivantes : le rouleau est l'œuvre de plusieurs scribes et sa composition s'est poursuivie durant plusieurs années; d'autre part, des dispositions prises par le scribe au moins à deux reprises, il semble qu'il ait connu d'avance le nombre des mentions qu'il avait à inscrire; ce qui suppose ou bien que la réception des nouveaux bour-

---

(1) Colonne de gauche : *Lambelas li chaponiers* à *Chardas... de Viez Bocherie.* Colonne de droite : *Colas de la Creux* à *Jaikemins... ke fut a Duc Ferrit* (Page 603 A et H).

geois se faisait à date fixe et que les postulants se présentaient en bloc devant le scribe chargé de transcrire leur nom, ou que le scribe recopiait les noms sur le rouleau en utilisant des documents écrits, dont il y aurait à déterminer la nature de façon plus précise. Cette dernière hypothèse nous paraît la plus vraisemblable; nous avons déjà vu, en effet, que le Document I était une copie et qu'il avait le caractère d'un état récapitulatif; or, dans le Document II, nous retrouvons des erreurs de copie analogues à celles signalées dans le Document I. Ainsi, parmi les mentions de la pièce n° 31 A, nous relevons : *Howins li feivres de Bacort* sur la première rédaction adoptée par le scribe; puis celui-ci s'est ravisé, le mot *Bacort* a été effacé au moyen d'un produit qui a fait seulement pâlir l'encre, et à côté le scribe a écrit *Racort* [1]. Des erreurs et lacunes du même ordre [2] dont quelques - unes pourraient expliquer en particulier certaines formes de noms de lieux rebelles à tout essai d'identification, et dont nous ne ferons pas état, pourraient à la rigueur être imputées à un scribe recevant des déclarations orales et les transcrivant au fur et à mesure, mais il en est d'autres qui sont sûrement des erreurs de transcription. Ainsi, la mention *Jaikemins de Gorze li fils Jehan de Gorze dou Champel* [3] avait été rédigée d'abord *Jaikemins de Gorzedou Ch.*, puis ces cinq dernières lettres qui annonçaient le mot *dou Ch[ampel]* ont été barrées et exponctuées; or, une telle erreur est fréquente pour qui copie un texte, en particulier une liste de noms propres; une erreur de même ordre se retrouve à la fin du document : *Garcirions de Stoxey Ji niez Adan d'Annerey* [4] avait d'abord été écrit *Garcirions dennerey* puis ce dernier mot a été barré.

Enfin, le caractère de copie est encore prouvé par les mentions chronologiques qui sont données de-ci de-là, avec une

(1) P. 594 H.
(2) Signalons en 31 par exemple : *Jaikemins li fil Vivion de Hameiville ki fut M CC VII et VII ans* (sic). P. 592 N.
(3) 31. P. 592 F.
(4) 31. D. P. 603 F.

parcimonie infiniment regrettable d'ailleurs. Le document débute par la liste des manants de 1286 et cette liste s'arrête à *Bernewis li arceneires*; le scribe qui a poursuivi le travail inscrit aussitôt après la mention *Jacob d'Airey* dont la réception comme bourgeois est datée de 1287; il semble que désormais les mentions qui vont suivre doivent se rapporter à 1287, or il n'en est rien; la mention qui suit (*Jenas li genres la Chappe de Briey*) est datée de 1286; c'est un nom qui a été ajouté après coup; et voici dans la même colonne de droite et un peu plus loin des dates qui sont en contradiction avec l'hypothèse d'une rédaction qui se serait développée dans un ordre strictement chronologique. La mention concernant *Pieros li esculiers de Marville* est datée du dimanche avant la Chandeleur 1289 (ancien style), soit du 29 janvier 1290 (nouveau style), et ainsi semble débuter la liste de 1290; les mentions qui suivent ne sont pas datées, mais quelques lignes plus loin on trouve *Manant recent par M CC IIII*^{xx} *et X ans*, mention qui sert d'incipit à une liste de noms fort longue. Or, entre les deux mentions ainsi datées, s'insère la notice d'Howins de Gorze, qui est dit devenu manant et bourgeois le lundi devant la fête Saint-Clément en hiver 1290. On peut hésiter sur la date de la fête de Saint Clément; ce peut être le 23 novembre, jour où tombe la fête principale, ou le 30 janvier, date de l'invention; dans un cas, la date doit être transcrite : 20 novembre 1290, dans l'autre : 29 janvier 1291 (nouveau style); mais peu importe, car dans un cas comme dans l'autre, la date de la réception de Howins ne se place pas dans les premiers mois de 1290; elle aurait dû être mentionnée après les « manant » reçus en 1290, et de toute façon pas avant.

Ainsi les erreurs, les lacunes du texte, la disposition des éléments chronologiques concordent pour permettre d'établir que les rédacteurs du rouleau ont travaillé en utilisant des documents qu'ils se sont contentés de transcrire[1];

(1) Un autre argument en faveur de cette opinion est fourni par la répétition de certaines mentions. Notre rouleau en offre trois exemples. *Richairs de Fail* est répété deux fois, la seconde fois avec le mot *solv*, que

c'est l'opinion à laquelle nous avait déjà conduit l'examen du Document I.

Pour en finir avec la description du rouleau (Document II) il reste à signaler deux détails. D'abord, le soin manifeste des différents scribes à faire correspondre à chaque ligne horizontale un seul nom de nouveau bourgeois. Quand plusieurs membres d'une même famille ont été reçus en même temps bourgeois, et le cas est assez fréquent, ils ont soin de les séparer et écrivent par exemple :

> Wasselz li chadeliers de Lucelborc et
> Jaikemains et
> Petre seu dui frere.

ou encore :

> Odins et
> Symonins et
> Jaikemins li anfant Jaikemin l'espicier

et dans l'un et l'autre cas, ils relient par deux traits de plume les deux premières mentions à la troisième.

L'autre fait qu'il reste à signaler, c'est l'existence en tête de certaines mentions, d'une sorte de petit disque que nous avons fidèlement reproduit dans notre transcription [1]. Ces disques ne sont point rares dans les manuscrits du xiii⁰ siècle où ils servent, en général, à marquer le début d'un chapitre ; mais quelle peut être leur valeur ici? Le premier scribe copiant la liste de 1286 en a usé avec une discrétion remarquable; il n'en a figuré que deux, l'un pour mettre en relief la première mention dans la colonne de gauche, l'autre en face dans la colonne de droite, où il n'est sans doute là que par

---

nous avons lu *solvit* (P. 591 J); il en est de même de *Colins Gaielas de Malleroit* (P. 594 M) qui est très vraisemblablement le même que *Colignons Gaielas li freires Burtran le clerc de Malleroit* (P. 595 O). *Badowins Chapalz li bollangiers de Maiselles* et *Badowins li bollangiers con dist Chapalz de Maizelles* (P. 600 N) ; des deux dernières mentions sont inscrites l'une au-dessous de l'autre.

(1) Ce disque a été rendu par le signe q.

besoin de symétrie. Mais dans la suite, les disques sont répandus à profusion et sans règle visible; on serait tenté de supposer que les scribes travaillant par saccades ont souligné ainsi chaque fois la reprise du travail d'inscription, et s'il en était ainsi, ces disques nous fourniraient des renseignements utiles sur les conditions dans lesquelles se faisaient les inscriptions, mais l'hypothèse est purement gratuite et ne saurait être appuyée d'aucun argument sérieux.

Les mentions portées sur le Document I vont de 1239 à 1242 ; à quelle période correspondent les inscriptions du Document II ? Les plus anciennes inscriptions qu'il contient se rapportent à l'année 1286 et la dernière date indiquée est 1290 ; il semble donc naturel d'admettre qu'il vaut pour les années 1286 à 1290, soit pour une durée de cinq ans. Pourtant cette opinion paraît contredite par le fait suivant :

Le dernier des groupes paléographiques que nous avons cru reconnaître débute par la mention : « *Georges de Kiers d'Ast Lumbars ait fait a la ville ceu k'il dut* ». Or, un hasard heureux nous a conservé un document concernant ce Georges de Kiers d'Ast; ce sont précisément les lettres de bourgeoisie qui lui furent délivrées le 26 octobre 1299 et dont l'original en parcheminse trouve à la B. N.; N. a. f. 6733 pièce n° 73[1]. Nous donnons ci-dessous le texte de ces lettres de bourgeoisie :

« Nous li Maistres Eschevins, li Treze, li Conte Jurei et toute
« li Communiteiz de Mes, faisons savoir à touz ke nous avons
« receut et recevons George de Kiers et ses freires Lombars
« a nos citains, a nos manans et a nos borjois de Mes, par
« lou conseil de la ville de Mes, c'est asavoir de chacun
« paraige, vint hommes et quarante dou Commun des plus
« covenables; en teil manière k'il puxent demoreir en nostre
« dite citei de Mes, faire et useir ansi com nostre autre bor-
« jois font; et espécialement ansi com Willames li Lombairs
« et li autre Lombairt nostre citain demorant en nostre dite
« citei de Mes, font. — Ne ne puet on panre somme d'argent
« sus ous, se ce n'estoit dont por taille con feist commune-

(1) Cette pièce a fait également partie de la collection Emmery.

« mant par toute la ville de Mes. — Ne estatus ne escris con
« ait fait sai en arrier, ne qui se feissent desci en avant, ne
« puent estre grevant a ceste lettre ne a ceste manandie k'elle
« ne soit ferme et estauble a touz jours maix. En tesmoi-
« gnaige de veritei, et pour ceu ke ce soit ferme choze et estau-
« ble, sont ces lettres saielleies de nostre commun saiel de
« Mes, ke furent faites et mises en l'airche à Grant Moustier
« le lundi devant feste Touz Sains l'an de graice Nostre Signor
« Mil CC quatre vins et deix et nuef ans (1). »

(Entaille pour un sceau sur double queue)

Si l'on s'en tient aux termes mêmes du document, Georges
de Kiers d'Ast aurait été reçu bourgeois en 1299 et comme il
figure sur l'état récapitulatif qu'est le Document II, il faudrait
en conclure que celui-ci, commencé peu après 1286, aurait
été poursuivi non pas jusqu'en 1290, mais au moins jusqu'en
1299; conclusion qui changerait du tout au tout la portée des
renseignements qu'on peut tirer de la liste des bourgeois pour
l'étude de l'immigration rurale à Metz et qui modifierait en
particulier le taux moyen annuel de l'immigration.

Mais, en dépit des apparences contraires, il faut rejeter la
date de 1299 et conserver comme date limite 1290 (ou plutôt
début 1291). Comment expliquer en effet qu'entre 1290 et 1299
(si l'on admettait cette date pour la mention concernant
Georges Kiers d'Ast) il ne se soit glissé aucune date intermédiaire, alors qu'entre 1286 et 1290 nous trouvons indiquées
les dates de 1287 et 1289? Comment expliquer, d'autre part, que
le nombre des nouveaux bourgeois soit si élevé pour 1286 et
si réduit pour une période de dix ans (1290-1299)? Mais voici
qui paraîtra plus probant : Les lettres de 1299 sont accordées
à Georges de Kiers d'Ast et à son frère, Lombard comme lui
or, dans le rouleau, il n'est pas fait mention de ce frère. Négligence de copiste, dira-t-on; et de fait, nos scribes n'en sont
pas, nous l'avons vu, à une négligence près; mais d'autres
lettres de bourgeoisie datées du même jour (26 octobre 1299),

(1) Original. B. N.; N. a. f. 6733, pièce N° 73.

nous ont été conservées (B. N ; N. a. f. 6733, pièce n° 71).
Elles sont délivrées au profit de Jehan de Montenier, Lombard, et de son neveu Domenne, fils de « Maistres Jaikes
com dist de Montenier li Lombairs qui fut » et il faudrait
imputer à une nouvelle négligence du scribe l'oubli dans le
rouleau de la mention concernant ces deux Lombards, ce
qui est peu vraisemblable. Mais, s'il faut dater de 1290 la
réception de Georges de Kiers, mentionnée dans notre liste,
comment expliquer la contradiction apparente entre le rouleau (Document II) et les lettres de bourgeoisie datées de 1299 ?

Pour comprendre le véritable sens des lettres accordées à
Georges de Kiers, que nous avons reproduites plus haut, il
faut les rapprocher de celles qui, le même jour, furent délivrés à Jehan de Montenier, et à son neveu, et dont nous donnons ci-dessous la transcription.

« Nous li Maistres Eschevins, lf Treze et li Conte Jurey, li
« Consous et toute li Communeteiz de la citeit de Mes,
« faisons cognissant a touz cealz qui ces presentes lettres
« vairont et oront ke, com il soit ansi ke maistres Jaikes,
« com dist de Montenier, li Lombairs qui fut, et sui hoir-
« et Jehans dis de Montenier, freire a davant dit maistre
« Jaike et sui hoir, soient nostre borjois de Mes franchemant,
« teilz comme nous tuit sommes, si est il a savoir, ke nous
« avons donneit et otroieit franchemant et promis loialmant
« et an bonne foy a davant dit Jehan de Moutenier, Lom-
« bairt dessus nommeit et a ces hoirs et a Domenne lou
« fil Maistre Jaike desus dit et a ces hoirs, ke nous ne poons
« ne ne devons panre ne faire panre nulle riens dou lour
« ne panre a nulle ocquoison de pus fais (1) pour prest ne
« pour marchandie ke il feissent ne d'atre manière, keille
« k'elle soit, a nulz jours maix pour l'ocquoison d'ealz ne
« pour maniec k'il aient ne tignent ne doipent avoir an lour
« osteilz, de tous cealz k'il voront dire plainnemant ke sont

(1) Les *pusfais* ou *peuts faits* (méfaits) constituent la matière de la
justice criminelle. Voir Prost. *Les institutions judiciaires dans la cité de
Metz*, dans les *Annales de l'Est*. Cinquième année, 1891, p. 323.

« a ealz, ou de cealz ke li dis Jehans ou li uns de ces hoirs,
« et Domenne davant dis ou li uns de ces oirs, ou cilz ke
« pour l'un d'eâlz seroit, voront dire plennemant ke soit a
« ealz et de lour maniee, se dons n'estoit pour taille com-
« mune com feist par toute la citeit de Mes. — Et est encor a
« savoir ke, se li dis Jehans de Montenier ou sui hoir et li
« dis Dommenne et sui hoir ce voloient departir, il ce pueent
« departir toutes les fois k'il lor plairait ou lour hoirs, et
« tenir chacuns son osteil dedans Mes, lai ou il lour plai-
« rait, et doit avoir chacuns sa franchise tout ansi com il
« est si desour deviseis et sa manandie franchemant tout
« an la maniere ke ci desour est devisée. En tesmoignaige
« de veriteit, sont ces presentes lettres saellées dou commun
« sael de Mes et mises en l'airche a Grant Moustier, ke
« furent faites l'an de graice mil dous cens quatre vins et
« deix et nuef, lou lundi davant la feste Touz Sains ou mois
« d'octambre (1) ».

Ces lettres constituent un véritable privilège en faveur
des Lombards au profit desquels elles sont délivrées; elles
leur confèrent, en effet, le droit de bourgeoisie au sens le
plus large du mot et leur accordent en outre l'autorisation
de se livrer à leur commerce, c'est-à-dire aux nombreuses
opérations de banque qui étaient accaparées par les Lombards et les Cahorsins. Le prêt d'argent à intérêt étant illi-
cite, la condition des Lombards était précaire et dépendait
dans chaque seigneurie du caprice ou des besoins pécuniaires du seigneur; dans une ville comme Metz, le droit
de bourgeoisie n'entraînait pas pour le Lombard qui en
jouissait le droit de faire les opérations de banque et la
preuve en est dans une mention du rouleau qui concerne
pour l'année 1290, un autre « Astesan » : « *Piions li filz Robert
Bertran d'Ast ait fait fauteit a la ville et se ne puet prester il ne
autre por lui an Mes* (2) ». Il semblerait même, à s'en tenir

(1) Original. B. N. N. a. f. 6733, pièce Nº 71.
(2) En janvier 1289 (n-s), un atour avait interdit de recevoir dans la
ville des Lombards prêtant à intérêt. Voir p. 528, note 1.

aux termes de cette mention que le droit de bourgeoisie
excluait la pratique du prêt à intérêt et si, en dépit de cette
défense, les Lombards recherchaient la bourgeoisie comme
le montrent plusieurs de nos mentions, c'est qu'elle leur
valait des avantages sérieux, que nous définirons plus loin
et en particulier la protection de la cité messine dans les
procès où pouvait les entraîner la pratique du commerce
au sens le plus général du mot; il est certain, en effet, que
les Lombards ne se livraient pas uniquement au trafic de
l'argent, mais qu'ils jouaient dans bien des affaires commerciales le rôle de commissionnaires et de courtiers.

Les lettres concernant Georges de Kiers sont aussi des
lettres de privilège; le Lombard et son frère, reçus déjà bourgeois auparavant (et ainsi s'explique la mention de 1290)
obtiennent confirmation de leur droit de bourgeoisie et de
plus sont gratifiés d'avantages, moins étendus, il est vrai,
que leurs compatriotes Jean de Montenier et Domenne :
ils reçoivent seulement l'assurance qu'ils ne seront pas
taxés arbitrairement à l'occasion de leur commerce; ce sont
donc des lettres qui rappellent la bourgeoisie, concédée
auparavant mais qui la renforcent de privilèges particuliers [1].

---

(1) Sur les Lombards à Metz, on trouvera quelques brèves indications
dans Klipffel, *Les paraiges Messins. — Étude sur la République Messine
du XIIIe au XVe siècle*. Thèse présentée à la Faculté des Lettres de Paris.
1863, page 143.

Un atour de 1289 (*Hist. Gén. Metz. Bén*, t. III, Preuves, p. 233) avait
défendu de recevoir à l'avenir dans la ville, Lombards, Provençaux,
Toscans, Cahorsins ou toutes autres gens *prestant a montes*, si ce n'est
du consentement du Grand Conseil. On faisait alors une exception en
faveur de trois Lombards : Guillaume, Perrin et Maître Jacques. Or,
Perrin le Lombard avait acquis le droit de bourgeoisie vraisemblablement
avant 1287, année où il est mentionné à l'occasion de l'inscription de son
frère Philippin (P 592 K).

L'histoire des *tables* de Lombards est une partie importante et encore
mal connue de l'histoire économique du Moyen âge. Pour la Lorraine,
aucun travail ne leur a encore été consacré et pourtant leurs établissements dès le XIIIe siècle furent nombreux et actifs: bien des bourgades

En résumé, si nous admettons que la période correspondant aux mentions du Document II va de 1286 à 1290, le chiffre de 458 nouveaux bourgeois que nous trouvons pour ces cinq années est du même ordre que le chiffre de 334 relevé sur le Document I pour une période de quatre ans ; la moyenne annuelle serait un peu plus élevée dans un cas que dans l'autre, mais tandis que de 1239 à 1242 l'immigration se fait d'une façon continue, il en est tout autrement de 1286 à 1290 où elle présente des poussées brusques (1286 et 1290) ; nous aurons à rechercher les causes de cette différence, en étudiant les conditions dans lesquelles s'obtenait le droit de bourgeoisie.

L'ACQUISITION DU DROIT DE BOURGEOISIE

Avant d'étudier les conditions requises et la procédure suivie au xiiiᵉ siècle, pour être reçu bourgeois de Metz, il faut dire quelques mots des termes eux-mêmes qui sont alors employés pour désigner l'habitant de Metz, à partir du moment où, gratifié du droit de bourgeoisie, il fait vraiment partie de la cité. Jusqu'alors, nous avons considéré les deux documents étudiés comme des listes de nouveaux *bourgeois* et pourtant c'est exceptionnellement que le mot bourgeois y est employé. Le titre du Document I ne précise pas le nom sous lequel il convient de désigner ceux qui « firent fautei » et même cette expression est si vague que M. Omont, dans le Catalogue des Manuscrits, Imprimés et Estampes, légués à la Bibliothèque Nationale par Auguste Prost [1], analysant les documents qui ont formé le volume 6732 des Nouvelles acquisitions françaises, décrit le rouleau qui nous intéresse de la façon suivante : « Liste des bourgeois (?) de Metz en 1239, 1240, 1241 et 1242 ; parchemin » il présente donc cette

avaient une table et les documents permettraient de suivre quelques-unes des opérations des tables ; j'espère revenir un jour sur la question

(1) *Mettensia I. — Auguste Prost, Sa vie, Ses œuvres, Ses collections (1817-1896)*, p. 143.

PERRIN.   2

interprétation comme douteuse. Pourtant, de l'étude détaillée et surtout de la comparaison des deux documents que nous avons rapprochés, il est bien établi que ces immigrants qui ont «fait fauteit » sont devenus par là même bourgeois.

Ce n'est pas le terme de bourgeois il est vrai qu'on rencontre dans la liste de 1286-1290, mais celui de *manant »*. En tête du rouleau, nous lisons : « Tuit cist.... sont receut por manant... » et cette mention vaut pour l'ensemble des inscriptions de l'année 1286. Quant au groupe de mentions correspondant à la période 1287-1289, il se termine par la formule : « En la maniere desordite sont tuit cist manant et ont fait fauteit » et le titre qui marque le début des mentions pour l'année 1290 est : « Manant receut par M. CC. IIII^{xx} et X ans ». Au cours de la présente étude, le mot manant a toujours été considéré comme synonyme de bourgeois, mais l'identité entre les deux termes à l'époque considérée ne s'impose pas de prime abord, et on pourrait penser, par exemple, que toute la population comprise dans les murs de la ville portait le nom de manant, et qu'à une partie seulement, jouissant de privilèges spéciaux, était réservé le nom de bourgeois. Le terme même de « manant » qui étymologiquement n'a pas d'autre sens que celui d'habitant, aurait une valeur générale et « bourgeois » un sens juridique précis. Mais contre une pareille interprétation proteste le fait même de l'inscription année par année des nouveaux venus dans la ville ; même à notre époque, soucieuse de statistiques précises, le dénombrement des habitants se fait par recensements périodiques qui portent sur toute la population et on ne voit pas quel intérêt aurait présenté pour la ville ce dénombrement des nouveaux habitants au fur et à mesure de leur arrivée,

tout au plus un intérêt statistique dont les hommes du xiiie siècle n'avaient certainement pas souci. D'autre part, la « fautei » ou le serment prêté par les « manants » suffirait à nous avertir qu'il s'agit bien de bourgeois auxquels l'entrée dans la bourgeoisie conférait des droits mais aussi des charges bien précises, spécifiées dans la formule même du serment.

En réalité, à l'époque où fut rédigé le Document II et encore durant tout le xive siècle, « manant » est dans les textes messins synonyme de « bourgeois ». Que le mot ait pris ce sens très restreint, on peut s'en étonner et il y a dans cet emploi un problème dont la solution contribuerait à éclairer l'histoire si mal connue des origines de la bourgeoisie messine. Contentons - nous de suivre l'histoire du mot aux xiiie et xive siècles et d'établir l'identité des deux termes *manant* et *bourgeois* [1].

Dans les trois exemples cités plus haut, et empruntés aux titres des listes du Document II, le mot manant apparaît seul et il en est en général de même dans les mentions individuelles de ce document, quand, renonçant à leur habituelle sécheresse, elles font allusion aux conditions dans lesquelles s'est faite la réception comme manant[2]. Le mot bourgeois n'apparaît jamais seul; en revanche on trouve à deux reprises les deux mots accolés : « manant et bourgeois ». « Conte Roffroit et Rainniers ses freires... devinrent manant et borjois de Mes »[3] et « Howins de Gorze li genres Perrin Noize fist fautei a la ville com manans et com borjois de Mes[4] ».

La formule « *manant et bourgeois* » avec l'expression correspondante « *menandie et borgerie* » va faire fortune et sera d'un usage courant dans les textes du xive siècle, en particulier dans les *atours* ou règlements promulgués par l'auto-

---

(1) Selon Espinas, *La vie urbaine de Douai au Moyen-Age*, Paris, Picard, 1913, t. I, p. 427 et sq. il existait à Douai aux xiiie et xive siècles une classe de « manants » distincts des bourgeois; mais l'auteur reconnaît lui même (p. 430) que « la distinction fondamentale entre bourgeois et manants demeure un peu hypothétique », et les preuves qu'il apporte d'une distinction entre les deux classes ne sont pas décisives. Il est vraisemblable que l'évolution a été la même à Douai qu'à Metz et qu'au xiiie siècle les deux termes manant et bourgeois sont synonymes.

(2) « Poincignons de Sainte Rafine est manant de Mes » (P. 592 J) « Philippins li lombars vint por estre manans de Mes » (P. 592 K) « Maistres Jaikes d'Ames li sires de lois manans » (P. 597 L). Cette dernière mention est certainement tronquée.

(3) P. 594 N.

(4) P. 596 L.

rité municipale messine. Mais le fait qu'une telle expression se rencontre à deux reprises seulement dans la liste de 1286-1290 laisserait supposer que les personnages auxquels elle est appliquée jouissaient d'un droit privilégié et que ceux gratifiés du simple nom de « *manant* » devaient se contenter d'un droit restreint. Il n'en est rien et cette différence dans l'emploi des termes tient seulement à une certaine négligence de rédaction qui s'explique par les habitudes personnelles des scribes qui ont collaboré au travail. En effet, parmi les mentions groupées sous le titre de « *manant* » figure pour la période 1287-88 celle qui concerne Howignons Graiceoie de Maigney. Or cet Howignon nous est connu par un document postérieur sur lequel nous aurons l'occasion de revenir un peu plus loin. En 1357, un certain Jehan, fils Colairt lou Rullairt de Maigney, qui avait épousé une descendante de Howignon Graiceoie réclama la bourgeoisie messine du chef de sa femme; la demande fut adressée, comme il était régulier, au tribunal des Treize qui, pour établir les droits de la famille d'Howignon Graiceoie, remonta jusqu'à l'ancêtre « qui ait estei troveiz por borgoi en l'airche à Grant Mostier [1] ». La notice qui fut rédigée à ce propos nous a été conservée [2]; il n'est pas douteux que le document conservé en l'arche de la cathédrale, auquel on s'en référa en 1357 fût précisément la liste de 1286 et le qualificatif de « manant » donné à Howignon Graiceoie a bien été interprété en 1357 comme équivalent de « bourgeois », et cela à une date où la langue avait eu le temps de se modifier légèrement, mais où les procédés pour acquérir la bourgeoisie et les termes juridiques correspondants étaient restés les mêmes.

Voici, à l'appui de l'opinion présentée, quelques textes empruntés à l'*Histoire de Metz par les Bénédictins* [3]. Le plus

(1) « L'airche à Grant Mostier » est le dépôt d'archives de la Cathédrale, où étaient conservés les contrats passés entre particuliers et certains actes émanés de l'autorité municipale messine. V. plus loin page 554.

(2) B. N.; N. a. f. 6733, pièce n° 77.

(3) *Histoire générale de Metz par des religieux Bénédictins*, Metz 1775,

intéressant et le plus probant est un atour qui prononce le bannissement contre plusieurs citoyens messins [1] ; ce qui lui communique un intérêt particulier, c'est sa date : 13 novembre 1287 ; il est donc contemporain de la liste qui nous occupe et l'emploi des expressions « menandie » et « menandie et borgerie » montre que celles-ci sont équivalentes. Dans l'atour du 18 juillet 1317, qui règle les conditions auxquelles pourra être concédé à l'avenir le droit de bourgeoisie [2], il est fait défense à la justice de recevoir « hommes forains pour estre bourgoys ne menans de Mes » à des conditions différentes de celles prescrites par l'atour et de plus, on exige du Maitre Echevin et des deux secrétaires qui ont la garde des clefs de l'arche où sont déposées les archives municipales, qu'ils prêtent serment « qu'il ne meteront ne ne feront metre jamais nulz borgoys ne nulz manans en l'arche autremant que si com si desor est devis ». Un atour de la même époque (22 mai 1315) [3], qui concerne les actions en justice introduites contre des forains qui ont déposé entre les mains de bourgeois messins des gages, emploie le mot *citain* comme équivalent de *bourgeois*, de sorte que l'ancienne expression « bourgeois et manant » devient « citain et manant ». L'atour, en effet, substituant au demandeur le détenteur du gage qui est en mesure d'exercer une revendication efficace contre le forain, stipule que « quikionques de *nos citains de Mes*, clers ne lais, hons ne femme, tignent wagiere de nulz fourains ne de nulles fourainnes....., se cil ou cille

tome III (Preuves) et tome IV. Quand j'ai pu retrouver l'original du texte, je cite l'original lui-même qui diffère parfois assez sensiblement du texte des Bénédictins dont les copies sont souvent défectueuses.

(1) *Hist. gén. Metz. Bénéd.* t. III (Preuves) p. 231. Les citoyens nommément désignés sont mis « fuers de la menandie et de la paix et de la justice de Mes, eus, lor cors et lor biens et tous lor heritaiges kan k'il an ont, fors de banlue de Mes. En teil maniere ke nos ne poons jamaix reclameir ne defendre par nulle justice por la raison de la menandie ne de la borgerie de Mes, ne ne les devons jamais panre ne ressouire a manans ne a borjois de Mes ».

(2) *Hist. gén. Metz. Bénéd.* t. III. (Preuves), p. 329.

(3) *Hist. gén. Metz. Bénéd.*, t, III (Preuves), p. 318.

cui li wagiere est ou serait, prenoit niant de nulz de nos
citains de Mes, dont il ne vocist randre ou recroire, si est
il assavoir ke on doit requerir a celui de Mes ou a celey
ke la wagiere dou fourain tanrait, ke la chose *nostre citain et
nostre menant* averoit pris, ke il celui amoignet a jour et a
droit et ke il celui ait teil qu'il nous faicet randre ou recroire
droit faixant. Et se il ceu ne faixoit, on s'an poroit bien
adrassier à la wagiere ke *nostre menans* ou *nostre menande*
tanroit dou fourain, ne nou laisseroit on mies pour lour
daites ne pour lour tenours » (1). Ce texte permet d'établir
pour le début du xiv° siècle l'identité de sens des expressions : citain, bourgeois et manant (2), mais aucune de ces
expressions ne l'emporta sur les autres : elles furent employées
concurremment, soit seules, soit groupées deux à deux (3).
C'est ce que montre un atour du 31 mai 1417, qui promul-
gue les clauses du contrat passé entre la ville de Metz et
un certain Gabriel de Fraissinel, autorisé à pratiquer pour
un temps déterminé (douze ans) et moyennant une redevance
annuelle de deux cents francs payable à la ville, le prêt à
intérêt avec les opérations annexes dont se chargeaient les
tables de Lombards (4). Ce Gabriel de Fraissinel, originaire
du diocèse de Verceil, banquier, comme l'étaient en général
ses compatriotes, était vraisemblablement établi à Metz

---

(1) Je n'ai pas retrouvé l'original de cet atour que je reproduis d'après le
texte des Bénédictins, qui n'est pas très sûr.

(2) Ce texte suffirait à prouver l'inexactitude de l'opinion émise par
Wichmann (*Jahrbuch der Gesellschaft für lothringische Geschichte und
Altertumskunde*, Bd XXI, I, 1909, p. 80, note 1), qui établit une distinction d'ordre *social* entre les « citains » et les « menans ». La distinction
établie par Espinas entre les « bourgeois » et les « manants » de Douai,
voir plus haut, p. 531, note 1, est d'ordre non seulement social, mais
juridique.

(3) Les lettres de bourgeoisie délivrées à Georges de Kiers en 1299
(voir plus haut, p. 524), emploient les trois termes « et recevons Georges
de Kiers et ses frères.... a nos citains, a nos manans et a nos borjois de
Mes ».

(4) *Hist. Gén. Metz. Bénéd.*, t. IV, p. 744.

avant 1417 et y jouissait des droits de bourgeoisie ; l'atour
promulgué à cette date avait pour but de lui reconnaître
des privilèges commerciaux que l'entrée dans la bourgeoisie
ne concédait pas, ainsi que nous l'avons déjà indiqué [1].
L'atour désigne Gabriel de Fraissinel du terme de « nostre
concitains et bourgoix » et spécifie que si avant le terme des
douze ans, il renonçait à son privilège, il serait soumis, en
matière de transactions commerciales et d'impôts, au droit
commun, « comme font noz autres borgoix et menans ».
Enfin, la disposition finale de l'atour stipule qu'au terme
des douze années prévues au contrat, ce dernier deviendra
caduc, mais il est expressément spécifié qu'il n'en résultera
aucune atteinte au droit de bourgeoisie dont jouit le Lombard : « fors tant que ledit Gabriel demourait toute sa vie
nostre concitains et borjois, ensi comme il est escript ou
rolle des manans », Ainsi, au début du xv° siècle, plus d'un
siècle après la date où fut rédigé le Document II, le rôle où
était porté le nom des nouveaux bourgeois était encore
désigné du nom de « rolle des manans », terme officiel qui
était sans aucun doute celui déjà employé en 1286.

Il semble donc établi que, depuis le xiii° siècle jusqu'au
moins au début du xv° siècle, le mot *manant* a servi à désigner à Metz les membres de la bourgeoisie ; l'existence de
rôles annuels ou périodiques, analogues à celui de 1286 a
sans doute contribué à fixer ce terme et à en assurer la sur-
vivance.

Il faut pourtant noter que dès la fin du xiii° siècle (certains passages du Document II le prouvent), il y avait
tendance à renforcer le mot manant d'un autre terme, celui
de bourgeois d'abord, puis celui de citain qui l'emportera
sans doute le jour où les nombreuses chartes d'affranchissement accordées à des localités de la région lorraine par
leurs seigneurs, en multipliant le nombre des bourgeois,
enlèveront au mot lui-même un peu de son prestige primitif [2]. Il y a donc là une évolution dans le sens et l'emploi

(1) **Voir plus haut, p. 527.**
(2) **Cette hypothèse** ne saurait se justifier que par une étude détaillée

des mots qui demanderait une étude complète ; il faut nous contenter ici de quelques observations. L'emploi du mot *manant* seul, dont le sens primitif n'est autre que celui d'habitant domicilié, laisserait supposer qu'au début (à la fin du xiie siècle par exemple), au moment où se sont formées à Metz en face de l'évêque, des institutions municipales indépendantes, le droit de bourgeoisie était lié obligatoirement à la résidence dans l'intérieur de la ville ou dans ses faubourgs ; le fait n'est pas rare au Moyen âge et on le constate dans plusieurs villes organisées, il est vrai, sur le modèle des *communes* [1]. Metz, sans doute, n'est pas une commune, mais il n'y a là, au fond qu'une question de mots, car la « fautei » ou serment prêté par les nouveaux bourgeois messins et dont la formule nous a été conservée au moins pour le xve siècle, ne diffère pas du serment prêté par les membres d'une commune jurée. Il est donc possible que le même principe ait été appliqué à Metz et la liste de 1239-1242 paraît confirmer cette hypothèse, puisque, sauf de très rares exceptions, tous les nouveaux bourgeois sont des *immigrants*, tandis qu'en 1286 on rencontre plusieurs Messins,

d'un grand nombre de textes messins. Je note seulement que « citains » apparaît dès la fin du xiiie siècle (Lettres de bourgeoisie concédées en 1299 à Georges de Kiers. Voir plus haut, p. 527) ; d'autre part, sur une centaine de chartes d'affranchissement parvenues à ma connaissance et se rapportant à toute la région lorraine et antérieures à 1350, il y en a la moitié qui sont de la période comprise entre 1240 et 1290.

(1) C'est le cas pour Soissons, comme le montre la charte de Louis VII (1144-1146), (Bourgin, *La commune de Soissons et le groupe communal soissonnais*. Bibliot. Ecole Hautes-Etudes, fasc. 167, p. 99) ; pour Senlis (Flammermont, *Histoire des institutions municipales de Senlis*, Bibl. Ecole Hautes-Etudes, fasc. 85, p. 4) ; pour Noyon (A. Lefranc, *Histoire de la ville de Noyon et de ses institutions jusqu'à la fin du xiiie siècle*. Bibl. Ecole Hautes-Etudes, fasc. 75, p. 46) ; pour Beauvais (Labande, *Histoire de Beauvais et de ses institutions communales jusqu'au commencement du xve siècle*, Paris. Imprimerie nationale, 1892, p. 102) ; pour Verdun, qui n'est pas une commune (Labande, *Étude sur l'organisation municipale de la ville de Verdun (xiie-xvie siècles)*, Extrait de l'*Inventaire, sommaire des Archives communales de Verdun antérieures à 1790*, Verdun, Laurent, 1891, p. 18).

qui installés depuis plusieurs années à Metz, y ont été tolérés en qualité de forains jusqu'au jour où ils se sont décidés à prendre la bourgeoisie. Entre les deux dates, le vieux principe qui imposait à tout habitant de la ville l'obligation de se faire recevoir bourgeois (réserve faite bien entendu des clercs et du personnel domestique vivant sur leurs terres) avait perdu de sa rigueur première, d'où la nécessité d'avoir recours à de nouveaux termes pour désigner la classe privilégiée des bourgeois à une époque où le mot manant gardant dans la langue le sens général de domicilié, d'habitant, avait besoin d'être précisé et déterminé par l'adjonction d'un autre mot.

Sur les conditions d'admission à la bourgeoisie et la procédure suivie à Metz, nous n'avons malheureusement aucun renseignement direct pour le XIIIe siècle. Pour cette époque, nous en sommes réduits aux deux listes qui ont été le point de départ de la présente étude ; or, ces listes offrent presque exclusivement une énumération de noms propres et ne font que rarement allusion aux formalités qui étaient exigées pour acquérir la bourgeoisie, et encore, les indications qu'elles renferment à ce sujet sont-elles si fragmentaires, que l'interprétation en serait impossible ou tout au moins fort incertaine, si nous ne les rapprochions des dispositions contenues dans les atours qui, à une époque postérieure, ont réglé l'admission dans la bourgeoisie. Ces rapprochements doivent être faits avec quelque prudence, car il est bien évident que le droit public messin a pu évoluer et nous pourrons même déterminer le sens de l'évolution qu'il a subie dans le domaine particulier qui nous occupe ici.

Le premier règlement concernant les nouveaux bourgeois dont il soit fait mention est un atour de 1313 ; il est donc postérieur de près de trois quarts de siècle à la liste du Document I et il serait imprudent de faire état des prescriptions qu'il renferme pour la période à laquelle correspond cette première liste (1239-1242) ; comme d'autre part cette liste est d'une sécheresse regrettable, que seul le mot « fautei » fait allusion à la procédure suivie, il est impossible de déterminer exactement les conditions requises pour l'entrée dans la bourgeoisie durant la première moitié du xiiie siècle; retenons seulement l'obligation du *serment*, qui se maintiendra comme une des formalités essentielles de l'admission.

Quant à la liste du Document II, elle est antérieure d'une vingtaine d'années seulement à l'atour de 1313 et à celui de 1317 qui le suit immédiatement; dans ces conditions, un rapprochement est possible, et de fait, il y a une certaine concordance entre les textes législatifs et les indications du rouleau. Malheureusement, le texte de l'atour de janvier 1313 ne nous a pas été conservé; il est seulement connu par cette courte mention insérée par Dom Calmet dans sa « *Notice de la Lorraine* [1] ». « Suivant l'atour du mois de janvier 1313[2], l'on devait inscrire le jour qu'un forain prenait bourgeoisie, et la forme du serment qu'il prêtait se trouve déterminée par celui du 2 août 1431 ». Mais D. Calmet n'a pas connu cet atour directement, il le cite d'après l'article III du Titre premier de la *Coutume de Metz*; l'original en avait d'ailleurs disparu dès le xviiie siècle des Archives municipales de Metz, puisque dix-neuf ans après D. Calmet, les Bénédictins dans leur *Histoire générale de Metz*, citant l'atour de 1313, ne donnent d'autre référence que la « Notice de la Lorraine » [3]. On peut même se demander si cet atour a bien existé et s'il n'y a pas eu confusion dans l'esprit des rédacteurs de la *Coutume de Metz* avec l'atour de juillet 1317, dont nous possédons le texte, et auquel j'arrive maintenant.

L'atour du 18 juillet 1317 [4] est rédigé dans ce style contourné, obscur et rempli de redites, qui rend souvent si difficile l'interprétation des atours messins du xive siècle; mais s'il présente certaines lacunes et certaines difficultés

(1) Dom Calmet, *Notice de la Lorraine*, t. I, Nancy, 1756, colonne 799.

(2) Rien n'indique que la date soit indiquée suivant l'ancien ou le nouveau style.

(3) *Hist. Gén. Metz, Bénéd.*, t. II, p. 502.

(4) *Hist. Gén. Metz, Bénéd.*, t. III. Preuves, p. 329. Je n'ai retrouvé ni l'original ni aucune copie ancienne de cet atour.

d'interprétation, cela tient aussi à ce que nous n'avons pas les atours qui l'ont précédé; il devait innover sur certains points, tout au moins remettre en vigueur des règlements tombés en désuétude tandis qu'il passe sous silence certaines prescriptions qui étaient entrées dans l'usage; ce n'est pas un règlement général et complet concernant le droit de bourgeoisie, mais un acte de circonstance, dont les motifs immédiats ne sont pas exposés dans le préambule de l'atour. Il s'agissait sans doute de rendre plus difficile l'accès de la bourgeoisie et surtout de limiter les pouvoirs des magistrats qui conféraient le titre de bourgeois.

L'atour distingue nettement, parmi les « forains » candidats à la bourgeoisie, trois catégories différentes : ceux qui sont de la « nation de Mes », ceux qui ont épousé une femme « que fust de la nation de Mes et de la menandie de Mes », enfin les forains qui n'ont aucune attache avec la cité de Metz. Pour chaque catégorie l'admission dans la bourgeoisie se fait selon des formes différentes qui seront indiquées plus loin; notons dès maintenant, ce qui confirme les observations présentées au sujet de l'expression « manant et bourgeois » (1) qu'il est formellement spécifié que le forain ne paie les droits d'entrée que « c'ilz vuelt avoir la bourgerie ». On admettait donc, en 1317, qu'on pût avoir son domicile à Metz sans s'y faire recevoir bourgeois.

Que faut-il entendre par l'expression « de la nation de Mes »? Il ne saurait s'agir là des fils de bourgeois, car en général le fils hérite *ipso facto* de la bourgeoisie (2) et d'ailleurs il est bien spécifié dans l'atour qu'il s'agit de *forains* qui sont de la nation de Metz, or dans aucune des villes dont l'histoire nous est connue, même pas dans les villes de commune où cependant le lien personnel créé par le serment est si fort, on ne constate que les fils de bourgeois aient été réputés forains jusqu'au moment où ils entraient eux-mêmes

(1) Voir plus haut, p. 531 et sq.

(2) Voir à ce sujet Espinas, *La vie urbaine de Douai au Moyen-âge*, t. I, p. 386.

dans la bourgeoisie. En réalité, il s'agit ici d'individus qui
sont nés à Metz même de parents *non bourgeois;* ils ont pu
quitter Metz pour un temps, voyager et rentrer seulement
après plusieurs années; ou bien ils ont pu encore rester
à Metz et y vivre durant des années sans réclamer la bourgeoisie; on comprend que nés dans la cité, participant à
sa vie sociale et économique, ils soient déjà des bourgeois
en puissance et que l'accès de la bourgeoisie leur soit faci-
lité. Il resterait à préciser ce qu'il faut entendre par Metz;
est-ce seulement la ville, enserrée dans ses murailles,
sont-ce aussi les faubourgs? C'est vraisemblable, mais on
ne peut rien affirmer de certain [1].

La deuxième catégorie de candidats à la bourgeoisie comprend ceux qui ont pris femme « que fust de la nation de
Mes et de la menandie de Mes ». Il s'agit ici d'individus qui
ont encore des attaches avec la cité, du fait de leur entrée
dans une famille de bourgeoisie messine, mais évidemment,
ce sont des Messins de fraîche date et qui sont moins auto-
risés que ceux de la première catégorie à réclamer un traite-
ment de faveur; cependant l'entrée dans la bourgeoisie leur
est facilitée par l'emploi d'une procédure plus rapide que
celle imposée aux forains de la troisième catégorie.

Il est à noter que la jeune fille épousée par le forain doit
non seulement appartenir à la bourgeoisie messine, mais
encore être de la « nation de Mes ». Les documents font
défaut, qui permettraient d'interpréter exactement cette res-
triction et on ne peut que formuler l'hypothèse suivante : les
chefs de famille qui venaient s'établir avec leur famille à

______

(1) Comme on le verra un peu plus loin, quand nous étudierons l'a-
tour de 1382, celui-ci (*Hist. Gén. Metz. Bénéd.*, t. IV, p. 343) accorde la
bourgeoisie à des conditions très onéreuses à « tuit cilz que venront
demoreir a Mes ou ains bours de Mes, que ne seront de nation de part
peire ou de part meire de Mes ou dez bours de Mes ou dez villoirs soubgis
a ceaulz de Mes »; ceci laisse supposer que le territoire des faubourgs
était assimilé au territoire de la ville, ce que confirme l'étude des bans de
tréfonds messins et aussi la comparaison avec d'autres villes du Moyen
âge.

Metz et qui se faisaient recevoir « manant » obtenaient sans doute pour eux, leur femme et leurs enfants la bourgeoisie, mais afin de restreindre le privilège accordé aux forains mariés à des filles de famille bourgeoise, on exigeait que la jeune fille appartînt à une famille fixée depuis longtemps à Metz et qu'elle-même fût née dans la ville.

A chacune des trois catégories indiquées correspondent des formalités différentes, d'autant plus compliquées que le candidat est éloigné par ses origines de la cité messine. Pour ceux qui sont de la nation de Metz, l'atour de 1317 ne donne aucun renseignement, et il n'y a pas lieu de s'en étonner, les conditions de leur admission étaient réglées sans doute depuis longtemps, soit par la coutume soit par un atour dont le texte ne nous a pas été conservé; il est très vraisemblable que ces conditions étaient fort libérales et qu'il suffisait d'une simple déclaration du candidat, mais il est impossible de fixer la juridiction qui avait qualité pour recevoir la déclaration et l'enregistrer; était-ce le Maître Échevin et son Conseil, les Treize ou le Grand Conseil? Aucun texte ne nous renseigne à ce sujet.

Visiblement, c'est contre les autres forains que l'atour de 1317 prend des précautions. Celui qui a épousé une « manande » de Metz doit venir requérir la bourgeoisie en « plaine clostre » c'est-à-dire devant le tribunal des Treize[1], il est procédé alors (bien que l'atour ne le dise pas), à une enquête sur la nationalité de sa femme; le candidat prête serment, après quoi son nom est écrit « au rôle » avec la date exacte du jour où le serment a été prêté.

Quant au forain de la dernière catégorie, il ne peut obte-

---

[1] « Et si aucuns vouloit avoir la bourgerie pour lai raison de la manande qu'il averoit pris a femme, il doit venir requerir en plaine clostre la bourgerie par devant la justice et on lou doit recevoir et lou doit on mettre ou role en escrit, et doit on metre la jornée et lou miliaire en escrit, qu'il averat fait la fauteit. » *Hist. gén. Metz. Bened.*, t. III, Preuves, p. 239. — Sur la justice des Treize dite souvent *la clostre* ou *l'enclostre* voir Prost, *Les Institutions judiciaires dans la cité de Metz*, Annales de l'Est, t. V. 1891, p. 309.

tenir la bourgeoisie qu'après avoir rempli les formalités suivantes : son admission ne pourra être accordée que par
« l'otroy de tous les Paraiges de Mes et de la Communalteit ».
Si l'on se rapporte à l'atour de 1299, qui concède des privilèges commerciaux à Georges de Kiers, reçu bourgeois de
Metz [1], on admettra sans peine que cette admission était
prononcée non par une assemblée générale des Parages et
du Commun, mais par une assemblée restreinte, comme
celle de 1299, comprenant vingt membres de chacun des
cinq Parages et quarante du Commun, soit au total cent
quarante bourgeois. Il y a donc, dans ce cas, une décision prise
par un Conseil représentant la cité, un vote émis tandis que
dans le cas précédent le jugement des Treize, en déclarant
fondée la revendication du forain marié à une Messine, entraînait *ipso facto* l'inscription de son nom au livre des « manant ».
Mais, de plus, le forain ordinaire doit demeurer dans la
ville un an et un jour; si au bout de ce temps, il n'a pas été
réclamé par son seigneur on prélève le vingtième de sa fortune, dont l'évaluation a été faite au préalable, au profit de
la ville qui emploie ces revenus à l'entretien des fortifications;
après quoi seulement le forain est mis en l'arche [2]. Rien
dans l'atour n'indique de façon précise à quel moment a lieu
le vote du Conseil, est-ce au moment où est présentée la
demande, avant que commence à courir le délai d'an et
jour, ou après, quand le droit de poursuite du seigneur est
devenu caduc? Il est impossible de préciser ce détail de
procédure.

Les règles établies par l'atour de 1317 ont été certainement suivies, durant quelques années tout au moins ; nous

1) Voir plus haut, p. 524.

(2) « Et si aucuns forains vouloit venir demoreir en Mes et il demorievet
an et jour en la ville de Mes, sens xeute de signors et sens werre, on
doit faire sa vaillance après l'an et lou jour passeit, c'ilz vuelt avoir la
bourgerie, et en doit on panre lou vintime denier pour metre a la fermeteit de la ville et lou doit on mettre en l'arche pour estre bourgois et
menans de Mes per lez Paraigez et per lou Commun... ». *Hist. gén. Metz,
Bénéd.*, t. III, Preuves, p. 329.

en avons la preuve dans quelques documents qui se rapportent à des concessions du droit de bourgeoisie; étudions-les rapidement, avant de revenir à la liste de 1286-1290.

Une première catégorie de documents comprend les lettres de bourgeoisie accordées à des forains; nous en avons conservé deux, datées du même jour (1 octobre 1339); elles n'ont pas encore été publiées, aussi les reproduisons-nous intégralement :

I. — « Nous li Maistres Eschavins, li Treze, li Conte « Jurei et toute li Communitei de la citeit de Mes faisons « savoir et cognissant à tous ceaulx qui ces presentes lettres « vairont et oront, que nous avons receut por nostre bourgoi « et por nostre menant Jehan de Nouviant, qui maint en « Chameleirue enci com nos autres bourgeois et menans de « notre dite citeit sont et nous en ait bien li dis Jehans paieit « a nous ceu qu'il dovoit por raison de sa dite bourgerie. En « tesmoignaige de vériteit et pour ceu que ce soit ferme « chose et estauble, avons nous fait mettre notre comun « saiel en ces presentes lettres, que furent faites et mizes en « l'airche a Grant Moustier l'an de graice Nostre Signor « mil trois cens trente et nuef lou lundy apres la Saint « Remey (1) ».

II. — « Nous li Maistres Eschavins, li Conte Jurei, li « Paraige et toute li Communaitei de la Citeit de Mes faisons « savoir et cognissant à tous ceaulz, qui ces presentes let-« trez vairont et oront que nous avons receut por nostre « bourgoi et pour nostre menant Abertin lou maiour de « Haboinville ensi com nos autres borgois et menans de « nostre dicte citei sont et nous en ait bien li dis Abertins « paieit a nous ceu qu'il dovoit por raison de ladicte bor-« gerie. En tesmoignaige de veriteit et pour ceu que ce soit « ferme chose et estauble avons nous fait metre notre « comun saiel en ces presentes lettrez que furent faites et « mises en l'airche a Grant Moustier l'an de graice Notre

______

(1) B. N: N. a. f. 6733, pièce n° 76 (Original sur parchemin avec entaille pour sceau à double queue, — sceau absent).

« Signor mil trois cens trente et nuef lou lundy apres la
« S. Remey [1] ».

Ainsi, ces deux lettres de bourgeoisie, qui sont les seules,
ou peu s'en faut [2], que nous possédions, et qui sont postérieures de vingt-deux ans à l'atour de 1317, sont rédigées
dans des termes conformes aux stipulations de cet atour.
La décision prise par le Conseil des Cent quarante est pro-
mulguée sous la forme d'un acte authentique émané de la
chancellerie de la cité de Metz et scellé; il est fait mention
du paiement des droits d'entrée et du dépôt dans l'arche de
la cathédrale de l'acte concédant la bourgeoisie.

Toutefois, deux questions restent obscures. L'atour prescrit de mettre « en l'airche » le forain qui a obtenu la bourgeoisie, mais comment faut-il entendre cette expression
bizarre et que nous empruntons telle quelle à l'atour? On
peut comprendre que pour tout forain reçu bourgeois, il était
établi un acte authentique du type des lettres de bourgeoisie reproduites plus haut et que cet acte était déposé dans
l'arche; ou bien il est possible que cet acte authentique, coû-
teux à cause des droits de chancellerie à verser, n'ait été
établi que sur la demande de certains nouveaux bourgeois,
désireux de s'assurer toutes les garanties possibles. L'expression mettre en l'arche est vague, tandis que l'expression
« mettre ou role en escrit » employée pour des forains mariés à des Messines et qui a été relevée précédemment fait
nettement allusion à l'inscription au « rôle des manants »;
il se peut enfin que les deux interprétations soient exactes :
un acte authentique était établi au moment de la réception

(1) B. N; N. a. f. 6733 pièce n° 85 (Original sur parchemin avec entaille pour sceau à double queue, — sceau absent).

(2) Il existe encore : deux lettres concédant la bourgeoisie, avec pen-
sion annuelle de cent livres, en récompense de leurs bons services, à Jean,
comte de Salm (10 oct. 1381; *Hist. Gén. Metz, Bén.* t. IV, p. 333) et à
Simon Waltaire, comte de Deux-Ponts (25 juill. 1390; *Ibidem.* t. IV, p.
394) et une lettre du 2 septembre 1588, accordant la bourgeoisie à Robert
Maulpassant (Copie du xviie siècle sur papier à la Bibl. municip. de Metz,
Manuscrit 904, f° 15).

du nouveau bourgeois, ce qui n'empêchait pas d'inscrire son nom sur la liste générale, dénommée « rôle des manants ».

La seconde question concerne le serment des nouveaux bourgeois; il n'en est pas fait mention pour les forains au sens le plus général du mot, alors qu'il est indiqué dans les notices de réception qui se rapportent à des forains mariés à des jeunes filles de la bourgeoisie messine. Signalons d'abord les notices de ce genre qui nous été conservées.

Une même feuille de parchemin (B. N ; N. a. f. 6733, pièce 77) sans aucune trace de sceau, contient les deux notices suivantes écrites l'une à la suite de l'autre.

« Symonins li filz Symonin qui fuit, fil signor Girairt
« d'Onville chevalier qui fuit, vint ou palaix l'onzime jour
« dou mois de fenal la ou li Maîstres Eschavins et li Treze
« seoient a la paix et requist la borgerie et la menandie de
« Mes pour la raison de Marguerite sa feme, qui fuit avelette
« Joffroit Bazin qui fut, ke fuit citains et borgois de Mez
« et fut li dis Symonins ressus pour borgois et pour menans
« de Mez et fist fauteit a la ville celui jour meymes ensi com
« il dit l'an MCC et XL III. »

« Thierias li filz Watrin de Haigieville qui fuit, vint ou
« palaix l'onzime jour dou mois de fenal, la ou li Maistres
« Eschavins et li Treze seoient a la paix et requist la bor-
« gerie et la menandie de Mez por la raison de Afelize sa
« femme, que fut fille Jakemin Lohier de Fayt qui fuit, qui
« fut citains et borgois de Mes, et fut li dis Thierias ressus
« pour borgois et pour menans de Mez et fist fauteit a la
« ville celui jour meismes ensi com il dut l'an M. CCC LX
« III [1] ».

(1) Ces notices se rapportent à des faits qui se sont passés à la même date puisque la mention en a été transcrite sur une même feuille de parchemin. Une des deux dates (1343, 1363) est donc erronée, mais il est difficile de décider quelle est la bonne. « Fenal » est, suivant les régions, le mois de juillet ou le mois d'août: d'autre part, le Maistre Echevin et les Treize siégeaient ensemble le vendredi (Prost., *Annales de l'Est*, 1891, p. 13 et 317). Si fenal est juillet, seul le 11 juillet 1343 est tombé un vendredi; si fenal est août c'est le 11 août 1363 qui est tombé un vendredi.

L'autre notice, également sur parchemin et sans trace de sceau, est ainsi conçue (B. N; N. a. f. 6733, pièce 78) :

« Jehans li filz Colairt lou Rullairt de Maigney vint de-
« vant lou Maistre Escheving et les Eschavins et devant
« les Treze lou venredy apres la Convercion S. Pol l'an M.
« CCC et LVII ans, ou il scoient ou palaix pour clostre a
« tenir et requist la borgerie et la menandie tout en plain
« pour la raison de Yzabel sa feme, qui est fille Howignon
« Graiceoie de Maigney, li queilz Howignon est aveles [1] lou
« viez Howignon Graiceoie de Maigney, qui ait estei troveiz
« por borgoi en l'airche a Grant Mostier. Et fist li dis
« Jehans fauteil et serment a la ville et fut ressus por borgois
« lou dit jour a l'en presens [2] ».

En comparant ces documents aux lettres de bourgeoisie [3], on saisira les différences tant juridiques que diplomatiques qui existent entre les formes employées dans l'un et l'autre cas. Quand il s'agit d'un forain marié à une Messine, il suffit d'établir la bourgeoisie de la femme et de recevoir le serment du mari, pour que *ipso facto* celui-ci soit reçu bourgeois ; il semble également qu'il était d'une bonne logique d'établir la réalité du mariage soit par témoin, soit par certificat de l'autorité religieuse, mais aucun texte ne donne d'indication à ce sujet. En tout cas, en fin d'enquête, on se contentait d'un simple memento ou notice relatant les résultats de l'enquête et la prestation de serment.

En ce qui concerne le serment, il est remarquable qu'il n'en soit pas fait mention pour les forains, non mariés à une bourgeoise, ni dans l'atour de 1317 ni dans les lettres de bourgeoisie du xiv⁰ siècle que nous possédons. Faut-il penser que ces forains en étaient dispensés? Le silence des textes tendrait à le faire croire. Mais l'admettre, ce serait supposer une singulière incon-

---

Il semble que la date 11 août 1363 soit la bonne: la rédaction de la première notice étant fautive en un autre endroit « ensi com il *dit* »).

(1) Aveles : petit-fils ; Avelette : petite-fille.

(2) La réception de Jehan fils Colairt est du 26 janvier 1358 (n. st.).

(3) Voir plus haut, p. 543.

séquence chez les dirigeants messins du XIVe siècle qui auraient exigé le serment des forains à-demi « nationalisés » par leur mariage et qui en auraient dispensé les forains sans aucune attache avec la cité, ceux-là même, par conséquent, contre lesquels, il y avait lieu de prendre des précautions [1]; ce serait aussi supposer que le serment imposé à tous les nouveaux bourgeois en 1239 et 1286 [2] aurait été supprimé pour une catégorie de forains dans la première moitié du XIVe siècle, pour être rétabli dans la suite, car l'atour de 1382 en parle comme d'une mesure générale [3]. Il suffit d'énoncer ces suppositions pour les rejeter et reconnaître dans le serment la condition essentielle pour être reçu dans la bourgeoisie. Si l'atour de 1317 n'en parle pas, c'est que sur ce point comme sur d'autres il n'innove pas, il sous-entend donc les règles habituelles suivies de toute tradition et il faut d'ailleurs noter que parmi les formalités exigées des forains mariés à une bourgeoise, il ne cite le serment que d'une manière tout à fait *indirecte* [4].

Le serment étant la condition indispensable pour l'admission dans la bourgeoisie, il n'a pas été mentionné dans les

---

(1) A Senlis, le serment est imposé à tous ceux qui veulent entrer dans la commune, mais exceptionnellement on en exempte les nouveaux bourgeois qui ont pour femmes des filles de jurés. Ainsi le « Cartulaire enchaîné » (Archives de Senlis) porte au f° 97 R° la mention suivante : « *Ce sont les noms de ceux qui furent reçus a avoir les droits de la commune au tams sire Pierre de Montengui, mayeur de Senlis, l'an 1299, liquel ne jurerent pas la dite commune par l'acort dou mayeur et de ses compagnons, mes ils ont fille de nostre juré* ». (Cité par Flammermont, *Histoire des institutions municipales de Senlis*, p. 6).

(2) Car la fautei est imposée alors à tous ceux qui sollicitent la bourgeoisie, comme nous le montrerons plus loin en interprétant les mentions des Documents I et II.

(3) *Hist. Gén. Metz Bénéd.*, t. IV, p. 343.

(4) « et doit on mettre la jornée et lou miliaire en escrit, qu'il averat fait la fauteit ». Il faut d'ailleurs noter que l'atour de 1382 parle lui aussi du serment d'une façon incidente : « et on le doit recepvoir et le doit on mettre en escript pour bourgois et pour menans en l'airche ou Grant Moustier et la journée que on le recepveront et qu'il averait fait la faultey ». — *Hist. Gén. Metz Bénéd.*, t. IV, p. 343.

lettres de bourgeoisie, qui spécifient le paiement des droits d'entrée et valent ainsi quittance; dans les notices au contraire, comme le serment est la seule formalité requise du forain privilégié, il est naturel d'en faire mention.

Nous avons étudié longuement l'atour de 1317 et les documents qui s'y rapportent; il est temps maintenant de revenir à la liste de 1286-90 et de l'interpréter à la lumière des principes qui nous sont connus pour une date un peu postérieure. L'atour de 1317 ne paraît innover que dans la mesure où il rend plus difficile l'accès à la bourgeoisie de certains forains, mais la distinction qu'il établit entre les trois catégories de forains est certainement ancienne, si l'on s'en rapporte aux termes mêmes de l'atour qui les présente comme de tradition. Or, si nous examinons les mentions portées sur le rouleau de 1286-1290, nous y retrouverons sans peine les trois catégories indiquées.

Sur un total de 458 noms de nouveaux bourgeois inscrits au Document II, il en est seulement 283 qui sont accompagnés de la mention du lieu d'origine; n'est-il pas naturel de penser que les 175 autres représentent sinon en totalité, du moins en partie, des forains « de la nation de Metz », fils d'immigrés installés à Metz ou dans les faubourgs, nés eux-mêmes à Metz? Ils ne sont plus désignés d'après leur village d'origine, les mentions qui les concernent sont rédigées sans règle générale, tantôt on trouve indiqués le nom, le surnom, le métier et le quartier de la ville où demeure le nouveau bourgeois, tantôt aussi, l'on trouve seulement une ou plusieurs de ces indications. Si l'on admet cette interprétation, les autres noms sont ceux de forains établis depuis peu à Metz, des immigrés de date récente. Mais, parmi ceux-ci, il est facile de distinguer le groupe des forains privilégiés, mariés à des filles de familles bourgeoises; parfois, ils sont mentionnés expressément et une courte notice leur est consacrée, en voici une des plus typiques : « Howins de Gorze, li genres Perrin Noize fist fautei a la ville com manans et com borjois de Mes por Alixon sa femme, la fille Perrin Noize ki est de la naitei de Mes lou lundi devant feste Saint Climant en yver

kant li miliaires corroit par M et C C et IIII^{xx} et X ans [1] ».
D'autres fois, on peut soupçonner qu'il s'agit de nouveaux
bourgeois de cette catégorie, en raison de l'indication du
nom du beau-père [2], mais dans ce cas, c'est une simple pré-
somption.

En ce qui concerne la procédure suivie, en particulier pour
cette catégorie de forains, les règles paraissent un peu différentes de celles fixées par l'atour de 1317. Le fait qu'une
fois il a été expressément mentionné que la femme du nouveau bourgeois était de la *naitei* (c'est-à-dire de la nation)
de Metz laisserait supposer qu'il n'en était pas toujours
ainsi, d'où les restrictions imposées par l'atour de 1317. Peut-
être même le libéralisme de la justice messine à la fin du
XIII⁰ siècle allait-il jusqu'à étendre le bénéfice de formalités
plus expéditives aux forains qui pouvaient se réclamer de
leur parenté à un degré quelconque avec un bourgeois de
Metz, tel ce « Philippins li Lombars » qui est le frère de
« Perrin lou Lombart ki ait l'avelette (petite fille) signor
Matheu de Chambres qui fut [3] ». D'autre part, si pour la
catégorie des forains privilégiés, il y a tendance à dater
leur réception, cet usage n'est pas encore général. Enfin,
rien n'indique que l'enquête soit faite, ni le serment reçu
par les Treize, comme l'exigera l'atour de 1317 ; c'est un
des Treize (Jehan Bataille), qui reçoit en janvier 1290
(n. st.) la fautei de « Pieros li esculiers de Marville » [4],
mais rien ne prouve que celui-ci soit marié à une bourgeoise,
et d'autre part, les dates indiquées pour la réception des
forains entrés par mariage dans une famille messine ne

(1) P. 596 L.

(2) « Jacob d'Airey li genres Richier » (P. 591 P). — « Hennelo Mannegout, li genres Bertelo de S. Avo ki fut » (P. 593 K). — « Jenas li genres
la Chappe de Briey » (P. 592 H). — « Colignons de Chaminet li genres
Hanriat de Suligni (P. 592 N) ». Toutes ces mentions sont comprises
entre la liste de 1286 et celle de 1290, mais on en trouve d'analogues dans
la liste de 1290. — « Ansillons li genres Pellerin (P. 599 J) ». « Lorans de
Pairgney, li genres Symonat de Maizelles » (P. 599 M).

(3) P. 592 K.

(4) P. 596 H.

tombent jamais un vendredi, jour où siégeaient le Maître Échevin et les Treize [1].

Si l'on s'en rapporte aux termes mêmes du Document II, les conditions exigées des nouveaux bourgeois étaient, pour la période de 1286 à 1290, le *serment* et le *paiement d'un droit d'entrée*; c'est ce qu'indique le titre même du rouleau : « Tuit cist.... ont fait fauteil a la ville et ont paieit a la ville ceu k'il durent por la fauteil » et à en juger par la rédaction même du titre, les deux formalités étaient étroitement liées. C'est sans doute à l'accomplissement de cette double formalité que fait allusion la formule « ait fait à la ville ceu k'il dut » qui accompagne les dernières mentions portées sur le rouleau (31 D).

Il semblerait, à en juger par ce titre, que les *droits d'entrée* étaient exigés de tous les nouveaux bourgeois, y compris les forains mariés à des filles de famille bourgeoise; ce titre, il est vrai, convient seulement à la liste de 1286 qui, selon notre interprétation, contient des *forains de la nation de Metz* et des *forains immigrés* et qui ne renferme aucune mention dont la rédaction puisse laisser soupçonner un *forain gendre de bourgeois*. Aussi, pourrait-on penser que, dès la fin du XIIIe siècle, les étrangers entrés par mariage dans une famille de bourgeoisie messine avaient une situation privilégiée et qu'au moment de leur admission dans la bourgeoisie, ils ne payaient aucune redevance. Mais cette interprétation n'est pas certaine, car voici à ce sujet deux remarques dont il faut tenir compte.

Le rédacteur des mentions comprises entre 1286 et 1290 a clos sa liste par la mention « En la manière desordite sont tuit cist manant et ont fait fauteit », ce qui est une façon de rappeler les deux conditions énoncées dans le titre du rouleau (serment et versement du droit d'entrée). D'autre part, si les forains de la nation de Metz paient à la fin du XIIIe siècle les droits d'entrée, comme semble l'indiquer la liste de 1286 et puisqu'ils forment, d'après l'atour de 1317 la

(1) Voir plus haut, p. 545, note 1.

catégorie privilégiée par excellence, il peut paraitre étrange qu'ils soient soumis à un droit d'entrée dont seraient dispensés, dans notre hypothèse, les forains mariés. Il est plus vraisemblable qu'à la fin du xiiie siècle, tous les nouveaux bourgeois étaient soumis sans exception à un droit d'entrée faible, dont le taux ne nous est d'ailleurs pas connu, et que, par la suite, ce droit fut supprimé pour les deux premières catégories de forains, alors qu'il était relevé pour ceux de la dernière catégorie dans des proportions considérables jusqu'à atteindre le vingtième de la fortune globale, ainsi qu'il est prévu dans l'atour de 1317. Ce qui justifierait dans une certaine mesure cette hypothèse, c'est que la tendance à reconnaitre une situation de faveur aux étrangers qui avaient déjà des attaches avec la cité de Metz et à leur faciliter l'accès de la bourgeoisie s'est accentuée durant le xive siècle. L'atour de 1382, en effet [1] ne parle plus des forains de la nation de Metz ni des forains mariés à une jeune fille de famille bourgeoise, la situation de ceux-ci étant réglée depuis plus d'un demi-siècle ; mais dans la masse des autres forains sans attache directe avec Metz, l'atour classe dans une même catégorie les habitants des villages sujets de seigneurs messins, laïques ou ecclésiastiques, et les distingue soigneusement de ceux qui ne pouvaient se prévaloir d'une telle origine ; les premiers qui font déjà partie, dans une certaine mesure, de l'État messin ou tout au moins du Pays messin, versent comme droit d'entrée la somme fixe de trente livres, les autres moins favorisés acquittent une redevance variable, mais d'un taux relativement élevé, puisqu'il atteint le cinquième de la fortune (« *vaillance* ») et que le minimum perçu est fixé à vingt livres.

Le texte du *serment* prêté par les nouveaux bourgeois ne nous a pas été conservé pour les xiiie et xive siècles ; il faut arriver à l'atour de 1434 [2] pour connaitre sinon la formule

(1) Orig. sur parchemin, Bibl. municip. Metz, Carton 89, liasse 32. Edit. ds. *Hist. gén. Metz, Bénéd.*, t. IV, p. 343.

(2) Copie du xviiie siècle sur papier. Bibl. municip. Metz, ms. 914, p. 26 (Recueil de pièces historiques sur Metz, par M. de Lançon).

textuelle du serment, tout au moins son esprit et sa portée.
L'atour de 1434, voulant incorporer à la bourgeoisie messine une masse d'étrangers qui s'étaient établis dans la
ville et les faubourgs, exige en effet qu'ils prêtent dans les
quinze jours le serment « qu'il garderont la bourgerie et
touttes les ordonnances, statuts et coutumes de notre cité
et que jamais contre icelle ne feront ne pourchasseront mal
ne dommage au préjudice de notre cité ne de ses habitans,
et que se ils scavent ne oyent dire mal ne dommage, ils le
doivent annoncer au plutot qu'ils le pourront au Treize ou
a Sept de la guerre et que jamais contre notre cité, ne les
habitans, ne le pays appartenant a icelle, ils ne feront ne
ne meteront au mefaire en maniere quelconque ». Comme
on le voit par les termes de cet atour, la cité messine forme
vraiment une *association* de bourgeois et elle exige du nouveau bourgeois qu'il contribue activement à la prospérité et
au salut de l'État; elle ne se contente pas d'une attitude
passive ni d'une neutralité bienveillante et somme toute,
bien que Metz ne soit pas une commune, le lien créé par
ce serment est de la même nature que celui qui unit les
« jurés » d'une commune.

Cette impression se confirme si l'on étudie la formule
même du serment, la seule que nous connaissions, et qui,
malheureusement, date d'une époque postérieure. Elle figure
en tête d'un livre de bourgeoisie dit « Registre des Bourgeoys » qui s'ouvre avec l'année 1561.

Au fo 1 Recto du Registre, on lit la formule suivante [1] :

« Le serement, que ceulx que Messieurs les Maistre
« Eschevin et Treizes de ceste cité de Metz veullent recepvoir
« en la bourgeoysie doivent prester ausdits sieurs.

« Vous jurez Dieu et la part que vous prétendez en Para-
« dis et la dempnation de votre ame, que vous serez dore-
« savant (*sic*) bon, léal et fidelle bourgeoys et citoyen de ceste

---

(1) Archives municipales de Metz, nᵒ 271. — Registre de papier de 36
feuillets écrits et 2 feuillets blancs, avec couverture en parchemin, sur
laquelle est écrit le titre « Registre des Bourgeoys ».

« cité et que le temps que vous y serez et demeurerez, vous
« ne ferez ni entreprenderez et ne ferez faire ny entreprendre
« chose qui puisse porter préjudice ou intérest à ladite cité,
« à nous ny à nos successeurs, et que si vous scavez ou
« estez advertis que aulcuns y veullent entreprendre, faire
« ou porter domage, en quelque chose que se soyt, que,
« incontinant que vous en serez advertis ou bien le plus
« tost qu'il vous sera possible, vous nous le ferez savoir
« et que si aulcunes affaires survenoyent à ladite cité et à
« nous, soyt par entreprinse, explois de guerre ou aultre-
« ment, que vous exposerez votre personne et voz biens
« à y résister de toute votre puissance et vous adjoindrez
« en tel cas à vivre et mourir avec nous. Et affermé par le
« mesme serement que vous estes ici venu à saine main (1) ».
A la suite de cette formule, on lit d'une autre écriture, mais
qui est bien contemporaine de la première partie du serment :
« Item qu'ilz payeront toutes gabelles, malletostes et aultrez
« impositions qu'il leur sera ordonné, ainsy que font les
« aultres bourgeois et obeyrez aux atours et ordonnances
« de la dite cité (2) »

Il est une autre condition qui est requise fréquemment
dans les villes du Moyen âge pour faire partie du corps
des bourgeois : c'est d'avoir son domicile dans la ville et
même d'y être propriétaire d'immeuble. Quelle était à cet
égard la situation à Metz ? Nous avons à ce sujet une
source de renseignements d'un prix inestimable et auxquels

---

(1) Je n'ai pas trouvé d'autres exemples de cette expression ; peut-être
s'oppose-t-elle à *morte-main* ?

(2) On peut rapprocher ce serment de celui prêté par les bourgeois de
Noyon au commencement du XIV° siècle. Le serment comprend deux par-
ties : le nouveau bourgeois jure d'abord qu'il remplit toutes les conditions requises, puis il prend des engagements précis :

« *Vous jurés par le foy de vo corps que en le bourgoisie ou vous entrés,*
« *vous serés preudons et loyaulx pour chascun de la communaulté et ne*
« *conseillerés forain contre bourgeois, obeyrés a vo maieur, paierés por-*
« *tion des debtes de la ville, selonc la faculté de vos biens et ferés bien et*
« *loyalement tout ce que a la bourgoisie appartient* » (Cité par A. Lefranc,
Histoire de la ville de Noyon, p. 53, note 1).

nous avons eu déjà l'occasion de faire allusion, ce sont les *bans de tréfonds*. Pour donner aux contrats passés entre particuliers un caractère authentique et mettre les mutations de propriétés à l'abri de toute réclamation de la part des tiers, Metz a eu recours à deux procédés originaux et intimement liés [1], *l'écrit d'arche* et *les bans de tréfonds*.

Les contrats rédigés par des amans étaient déposés dans les « arches » des paroisses, sortes d'armoires dont deux amans [2] gardaient dans chaque paroisse les clefs ; de plus, les mutations de propriétés étaient chaque année proclamées publiquement au cours des trois plaids annuels, par les soins des trois maires (Porte-Moselle, Outre-Moselle et Porsaillis); les tiers avaient ainsi le temps d'introduire une action en justice et c'est seulement quand trois plaids avaient « couru en pais », soit un an et un jour après la première proclamation, que la mutation de propriété devenait définitive. Ces prises de ban étaient notées au fur et à mesure et par année sur un rouleau de parchemin; de ces rouleaux, quelques-uns seulement ont été conservés. Le plus ancien date de 1220 et pour le xiii° siècle, nous en possédons au total 17 [3]. C'est peu sans doute, mais on ne saurait trop dire les services rendus à l'histoire de Metz par Wichmann, qui a entrepris et mené à bien la publication de ces 17 rouleaux, dont la lecture peut paraître fastidieuse au premier abord, mais qui sont en réalité une source **de** renseignements inépuisable. Les recherches sont d'ailleurs rendues très faciles par les tables jointes à la publication [4].

(1) Ce qui est vraiment original, c'est l'union des deux procédés, car l'usage de l'écrit en l'arche est très probablement emprunté à Cologne. Voir à ce sujet O. Redlich, *Urkundenlehre*, III^{er} Teil, *Die Privaturkundes Mittelalters*, p. 188 (München und Berlin, 1911).

(2) Les amans (amanuenses ?) sont à la fois notaires et archivistes.

(3) Je renvoie pour toutes ces questions à l'article clair et bien présenté de Wichmann. *Die Bedeutung der Metzer Bannrollen als Geschichtsquelle (Jahrbuch der Gesellschaft für lothringische Geschichte und Altertumskunde,* Band XXI, 1, 1909, p. 28-85).

(4) *Die Metzer Bannrollen des dreizehnten Jahrhunderts,* herausgegeben von Dr Karl Wichmann. 1er II^{er}, III^{er}, IV^{er} Teil (*Quellen zur lothringischen*

Rappelons que les rouleaux conservés et publiés par Wichmann se rapportent aux années 1220, 1227, 1241, 1245, 1251, 1252, 1267, 1269, 1275, 1278, 1279, 1281, 1285, 1288, 1290, 1293 et 1298. En parcourant les tables, nous avons pu retrouver bon nombre des nouveaux bourgeois de 1286-1290; le même travail n'a pu être fait pour les noms qui figurent sur la liste de 1239-1242; celle-ci en effet ne donne pas de renseignements suffisamment précis sur les nouveaux bourgeois de ces années pour qu'on puisse les identifier à coup sûr; trois rouleaux de bans de tréfonds seulement correspondent à la période antérieure à 1242 et les sondages que nous y avons faits n'ont donné aucun résultat. Il en a été tout autrement pour la liste de 1286-1290 : 101 noms de nouveaux bourgeois qui y figurent (soit un peu plus du cinquième) se retrouvent dans les bans de tréfonds. Aussi, avons-nous pris soin de signaler dans l'édition que nous donnons de la liste de 1286-1290 (Document II) les noms des nouveaux bourgeois qui se retrouvent dans les bans de tréfonds [1].

Tous ces noms ne sont pas également intéressants : les prises de bans postérieures à l'entrée dans la bourgoisie offrent un simple intérêt de curiosité; on voit ainsi des bourgeois figurant sur les listes de 1286-1290 qui, postérieurement à cette dernière date, prennent ban sur des propriétés immobilières à Metz et en dehors de la ville, ou sont incidemment mentionnés comme ayant leur domicile à Metz. Mais les mentions antérieures à l'obtention de la bourgeoisie sont très précieuses, elles permettent, en effet, de donner une solution, qui est seulement approchée (à cause du petit nombre de rouleaux de bans qui nous sont conservés) aux

Geschichte, herausgegeben von der *Gesellschaft für lothringische Geschichte und Altertumskunde*. Band V, VI, VII und VIII). — Leipzig, 1908. 1910; Metz. 1912, 1916.

(1) La publication de Wichmann est désignée en note par l'abréviation **M. B.** (Metzer Bannrollen), avec l'indication de l'année et du numéro de la prise de ban. Je n'ai reproduit le texte des prises de bans que quand il présentait quelque intérêt, en particulier quand les noms propres y ont une forme différente de celle qu'ils ont dans le Document II.

deux problèmes suivants. Les nouveaux bourgeois sont-ils tous des immigrants établis depuis peu à Metz et qui s'empressent de solliciter la bourgoisie dès que les délais légaux sont écoulés, et d'autre part, était-il nécessaire d'avoir une propriété immobilière pour être reçu bourgeois?

Il est possible de répondre avec certitude à la première question; plusieurs des nouveaux bourgeois en effet sont signalés comme habitant Metz plusieurs années avant qu'ils y reçoivent la bourgeoisie; avant cette date, ils ont la situation de forains domiciliés dans la ville, et s'ils prennent ban aux plaids annuels, il n'y a pas lieu d'en être surpris, puisque la procédure de la prise de bans n'est pas réservée aux seuls bourgeois. Les forains les plus anciennement établis à Metz le sont plus de trente ans avant qu'ils prennent la bourgeoisie [1], mais ce sont là des cas exceptionnels; en général, le séjour antérieur est de cinq à quinze ans. Parmi ces forains, les uns sont désignés sans nom de lieu d'origine, ce sont sans doute des « forains de la nation de Metz », fils de Messins, mais d'autres sont certainement des immigrés. Nous avons relevé enfin un cas particulièrement curieux et sur lequel nous aurons à revenir : il s'agit de cinq Messins qui, antérieurement à 1286, vivent à Metz, y achètent des propriétés immobilières et cependant ne deviennent bourgeois qu'en 1290 [2].

Les forains établis à Metz antérieurement à leur réception comme bourgeois sont signalés dans les bans de tréfonds à deux occasions : soit qu'eux-mêmes se rendent acquéreurs

(1) Deudenciz de Mardeney est reçu bourgeois en 1287 (?). — (P. 593 J). Or son fils Aubrion prend ban dès 1245 (M. B. 1245, 144); mais s'agit-il bien du même personnage? — Domangins li mutiers est reçu en 1286 (P. 597 B) et la maison Dommangin li mutier est signalée en 1251 (M. B. 1251, 172).

(2) Bertremins li vadois li chaponiers M. B. 1278, 73; manant en 1290 (P. 604 F). — Godefrins Choible de Staison li cordoweniers M. B. 1279, 51; manant en 1290 (P. 604 A). — Wesselins Serjans li permantiers M. B. 1269, 136; manant en 1290 (P. 603 E). — Maistres Nemmeris li charpantiers M. B. 1278, 163 et 356; manant en 1290 (P. 598 H). — Aurowins d'Aiest li permantiers M. B. 1275, 274; manant en 1290 (P. 602 K).

d'une propriété immobilière (maison, jardin, étal, vigne dans les faubourgs de la ville) soit qu'on indique seulement la maison qu'ils habitent, à propos d'un cens qui la grève ou encore pour déterminer l'emplacement d'une maison voisine sur laquelle il est pris ban [1]. Dans le cas où l'on trouve mentionnés la maison ou l'hôtel d'un forain, rien n'indique que celui-ci soit propriétaire de l'immeuble et nous sommes fort embarrassés pour décider si la possession d'un immeuble était indispensable pour acquérir la bourgeoisie. Dans les villes auxquelles on a déjà emprunté des termes de comparaison, il n'y a pas de règle générale. A St-Omer la résidence suffit [2]; à Noyon, il faut en outre la possession d'un immeuble [3]; à Soissons, les propriétaires seuls sont appelés à la vie communale en 1136, tandis qu'en 1144 font partie de la commune indistinctement tous ceux qui demeurent à Soissons [4]. Pour expliquer ces différences, et dans le cas de Soissons on peut même dire cette contradiction apparente, on a pu soutenir ingénieusement [5] qu'au Moyen âge, il n'y a pas de différence essentielle entre habiter et posséder une maison; le système de la location à court terme étant inconnu, tout nouvel arrivant dans une ville devait ou acheter une maison ou prendre un logement (ne fût-ce qu'une simple chambre) à cens perpétuel, ce qui lui conférait une quasi-propriété. Théorie séduisante mais qui, pour être étayée solidement, réclamerait des recherches

---

(1) Dans le premier cas, on a une formule du type : M. B. 1281, 138 « Aidius li cherbonniers p [rent] b[au] sus une mason... qu'il ait aquasteil a Colate ». — Dans le second cas, la formule du type est : M. B. 1290, 419 « sus lai maxon... ancoste l'osteit Lucal *Pain de Mes* » ou M. B. 1269, 490 « B. Bugles p. b. suz... III s et demei sus la *maison Morizal en Hulouf* ».

(2) Giry, *op. cit.*, p. 205 et 206.

(3) A. Lefranc, *op. cit.*, p. 52.

(4) Bourgin, *op. cit.*, p. 99.

(5) Bourgin, *op. cit.*, p. 99, et P. Viollet, *Les communes françaises au Moyen âge* (Extr. des *Mém. de l'Acad. des Inscr. et Belles-Lettres*). Paris, 1900, p. 45.

détaillées sur la propriété foncière dans les villes au Moyen âge.

Si nous possédions pour Metz la série complète des bans de tréfonds du xiiie siècle, nous serions sans doute en mesure de résoudre le problème, mais nous n'en avons qu'une partie infime ; pour la période de quinze ans qui précède l'année 1290, nous avons 7 rouleaux de bans de tréfonds (en y comprenant le rouleau de 1290) ; comment dans ces conditions établir une statistique et quelles conclusions tirer du fait que sur l'ensemble des nouveaux bourgeois, quarante se sont rendus acquéreurs d'un immeuble, d'autant plus qu'il faut tenir compte des immeubles acquis par héritage ou dons, et pour lesquels la prise de ban ne joue pas ? Un fait plus significatif et qui tendrait à prouver la nécessité d'avoir une propriété immobilière est le suivant. Odin l'épicier et Clément, son neveu, figurent dans la liste des bourgeois de 1290, or la même année ils prennent ban tous les deux ensemble sur une maison sise en Furneirue [1] et pourtant, il est vraisemblable qu'Odin l'épicier était établi à Metz avant 1290, puisque vers 1288 est reçu bourgeois « Jaikemins li niez Odin l'espicier [2] ».

En résumé, il est probable que la propriété d'un immeuble était nécessaire, mais on ne peut déterminer dans l'état des documents si toute forme de propriété (y compris la quasi-propriété résultant du paiement d'un cens perpétuel), était admise pour l'entrée dans la bourgeoisie.

Après avoir étudié les conditions d'accès à la bourgeoisie à la fin du xiiie siècle, telles qu'on peut les supposer d'après l'étude du rouleau de 1286-1290, il nous reste à rechercher par quels moyens les listes ont été constituées et suivant quel procédé se faisaient les inscriptions. Un fait essentiel a été

(1) « Odins li espiciers et Clemans ses niez (P. 603 B) et M. B. 1290, 411 « Odins li espiciers de Furneirue et Clemans ces nevous p. b. sus lai maxon.... ke siet an Furneirue ».

(2) P. 595 L. Cette indication de parenté se comprendrait mal si Odin l'épicier n'était pas déjà installé à Metz au moment où fut rédigée la mention concernant Jaikemin son neveu (vers 1288).

signalé : la différence profonde qui se révèle au premier abord entre le rouleau de 1239-1242 et celui de 1286-1290. Tandis que le Document I présente un mouvement d'entrées régulier avec des différences annuelles à peine sensibles, le Document II nous offre deux années très chargées (1286 et 1290), alors que durant les années intermédiaires, quelques nouveaux bourgeois fort rares se font inscrire. A cette différence de fond, correspond une différence dans la forme, très soignée dans l'un, plus négligée dans l'autre. D'autre part, alors que les noms dans le Document I sont donnés suivant des règles communes, avec adjonction du lieu d'origine (sauf des exceptions très rares), dans le Document II c'est l'absence de toute règle : tantôt on y trouve des mentions très sèches, qui comportent tout juste le nom de famille, tantôt il y a abondance d'indications, ce qui permet une identification facile : nom de famille, lieu d'origine, nom du père, métier, domicile, soit que tous ces éléments soient donnés, soit qu'on rencontre seulement quelques-uns d'entre eux; enfin certaines mentions du Document II sont particulièrement développées et sont datées de façon précise.

Comment expliquer ces différences? Il est très vraisemblable que les conditions d'entrée dans la bourgeoisie se sont modifiées entre 1242 et 1286, mais, dans l'ignorance où nous sommes des conditions d'entrée à la date de 1242, nous en sommes réduits aux conjectures. Il est pourtant infiniment probable que la bourgeoisie obligatoire pour tous les habitants de la ville dans la première moitié du XIIIe siècle, ne l'était plus cinquante ans plus tard. A l'époque où fut rédigé le Document II, on tolérait à l'intérieur de la ville et dans les faubourgs quantités de forains qui n'avaient pas reçu la bourgeoisie; à cet égard, la comparaison entre la liste de 1286-1290 avec les bans de tréfonds est, on l'a vu, tout à fait instructive. Au contraire, en 1239 et dans les années suivantes, tous les immigrés étaient tenus de demander l'entrée dans la bourgeoisie; on notait vraisemblablement sur un registre ou sur des cédules de parchemin leur nom; on laissait s'écouler le délai d'an et jour et en fin d'année, on transcrivait sur un rouleau (tel le Document I) le nom des nouveaux bourgeois qui avaient prêté la « fautei » et contre qui aucune poursuite n'avait été exercée [1]. Si les noms qui paraissent dans le Document I ne sont pas tous accompagnés du lieu d'origine, c'est qu'il y avait, en dépit des précautions prises, des « fuites » et que certains individus installés à Metz depuis plusieurs années avaient pu se soustraire à l'obligation de la bourgeoisie; il faut d'ailleurs, pour expliquer cette anomalie, tenir également compte des quelques serfs vivant sur les terres des couvents dans les faubourgs et des valets de personnages nobles résidant à Metz, qui pouvaient, à un moment donné, solliciter l'entrée dans la bourgeoisie; ces derniers installés depuis de nombreuses années à Metz étaient tout naturellement désignés par leur nom de famille sans indication du lieu d'origine.

Il reste à expliquer les irrégularités qu'on constate dans le mouvement des entrées enregistrées par le Document II; il est en effet étrange que, pour les trois années 1287, 1288 et 1289, nous trouvions seulement 55 entrées, alors que la liste pour les cinq années donne un total de 458 entrées; il y a ainsi une disproportion frappante au profit des deux années 1286 et 1290.

Nous connaissons, pour d'autres villes, le nombre des entrées annuelles tel qu'il est donné par les livres de bourgeoisie. Pour Douai [2] on possède pour la période 1318-1334 un registre complet des entrées; pour l'ensemble de ces dix-sept

---

(1) Des arguments d'ordre paléographique semblent même indiquer (voir page 575) que les mentions ont été portées sur le rouleau non pas année par année, mais seulement au bout de plusieurs années.

(2) Pour Douai, voir Espinas, *op. cit.*, t. I, p. 394 et t. IV, tableau I (qui donne le relevé numérique des entrées d'après le registre de 1318 à 1334). Pour Senlis, j'ai eu connaissance du « *Cartulaire Enchaîné* » par Flammermont, *Histoire des Institutions municipales de Senlis*, p. 6 et 19. Pour Ypres voir Pirenne, *Les dénombrements de la population d'Ypres au* XIVe *siècle* dans le Vierteljahrschrift für Social-und Wirtschaftsgeschichte I. Bd. 1903, p. 1. — Lefranc, *Histoire de la ville de Noyon*, p. 49, signale pour Noyon des listes de bourgeois du début du XIVe siècle, mais ne donne ni indication ni référence précises.

années on relève 248 réceptions, soit une moyenne annuelle
de 15. Mais en réalité le nombre des entrées varie assez
sensiblement d'une année à l'autre; les deux premières années il y a successivement 4 et 5 entrées, on compte ensuite
de 10 à 21 entrées et une seule fois il se rencontre un chiffre
supérieur à ce dernier (32 admissions en 1329). Mais on ne
relève en aucun cas de différences qui soient de l'ordre de
celles que nous offre la liste des entrées de 1286-1290 pour
la ville de Metz. A Senlis, à la fin du xiiiᵉ siècle, on compte
chaque année de 15 à 20 nouveaux bourgeois, et d'une année
à l'autre, il n'y a pas de différences bien marquées. A Ypres,
le plus ancien livre de bourgeoisie (Poorterieboek), qui
commence en 1352 et qui de 1352 à 1379 présente un chiffre
d'entrées annuelles variant de 70 à 176, n'a pour 1380 que
des inscriptions incomplètes (54) et n'en a aucune pour les
années 1381 et 1382, cela en raison des troubles civils qui
éclatèrent alors en Flandre et qui bouleversèrent l'adminis-
tration de la ville (1). On songerait à une explication de ce
genre pour Metz, si l'on ne savait que durant les années
1287-1289, la ville ne connut pas de troubles civils, et d'ailleurs aucune année ne manque totalement d'inscriptions
comme c'est le cas à Ypres. Si l'on observe que, durant
ces mêmes années, on rencontre dans la liste un nombre
important de nouveaux bourgeois jouissant d'un droit spé-
cial, en particulier des forains mariés à des filles de la bourgeoisie, on est amené à supposer que, pour la masse des
forains, l'inscription ne se faisait qu'à des dates espacées
de plusieurs années alors que les forains privilégiés pouvaient se faire recevoir à toute époque. Visiblement, les
bourgeois reçus de 1287 à 1289 ne sont pas des étrangers
quelconques; voici parmi eux des nobles, de riches commerçants lombards, des gendres de puissants bourgeois messins, et parmi les autres, dont la condition sociale nous
échappe, beaucoup viennent de centres qui jouissaient de
privilèges urbains (2); ils échappaient, par conséquent, au

____

(1) C'est l'explication donnée par Pirenne, *op. cit.*, p. 4.
(2) Paris, Châlons-sur-Marne, S¹-Trond, St-Mihiel, Verdun, Pont-à-

droit de poursuite du seigneur. On pourrait donc supposer que ces forains privilégiés prenaient la bourgeoisie dès leur arrivée à Metz, tandis que les autres devaient subir un stage de plusieurs années avant d'être reçus [1] et que leur admission se faisait en bloc chaque quatre ans (en 1286 et en 1290).

Mais cette explication ne me paraît pas entièrement satisfaisa·te; à côté des centres urbains pourvus de privilèges dont proviennent plusieurs des bourgeois de 1287-1289, figurent quantité d'autres centres ruraux dont nous ignorons la véritable condition, mais dont on peut affirmer que nous ne connaissons pas de charte d'affranchissement les concernant. Certains d'entre eux (Vezon, Sainte-Ruffine [2]) étaient régis par de traditionnelles coutumes rurales qui nous sont connues [3] mais celles-ci ne disent rien du droit du « pourterrien [4] » à quitter et à désavouer son seigneur. Il faut donc avouer notre ignorance.

Aussi bien, voici une explication qui paraîtra, je crois, plus vraisemblable. Un fait paraît établi : certains forains recherchaient la bourgeoisie, d'autres s'en souciaient peu, témoins tous ces forains établis depuis plusieurs années à Metz et qui attendent dix ou quinze ans pour demander leur entrée dans la bourgeoisie; comme rien ne prouve qu'on leur imposât un stage aussi long et que d'ailleurs l'atour de

Mousson, Luxembourg (dont la charte d'affranchissement fut confirmée en 1282 par le comte Henri II. Voir D. Calmet, *Histoire de Lorraine*, 1re édit., t. II, col. DXX).

(1) A Douai et Ypres, on ne peut devenir bourgeois qu'après avoir résidé dans la ville durant cinq ans (Giry, *Histoire de la ville de St-Omer*, p. 205).

(2) « Peincignons li maire de Vesons (31) — « Poincignons de Ste-Rafine » (31).

(3) Coutumes de Vezon de janvier 1336 (n. st). Arch. Moselle, H. 666. Coutumes de Ste-Ruffine du xve s. (Copie du xviiie s. Arch. Moselle, H. 1615). Ces coutumes rapportées en plaid banal sont l'équivalent des *Weistümer* des territoires de langue germanique.

(4) « Pourterrien » est le terme le plus généralement employé dans les documents lorrains pour désigner le tenancier rural, qu'il cultive une tenure domaniale ou une tenure en censive.

1317 parle du délai d'an et jour comme du délai normal et traditionnel [1], il faut bien admettre que, pour beaucoup, la bourgeoisie était une charge sans profit ; elle entrainait le paiement d'un droit d'entrée, mais surtout l'obligation de contribuer aux charges de la ville, et de défendre d'une façon active ses intérêts. Quels avantages compensaient ces charges désagréables ? Le bourgeois jouissait de garanties sérieuses ; seul un atour de bannissement pouvait le forcer à quitter la cité, le forain au contraire pouvait, du jour au lendemain, être mis en demeure de vider les lieux, mais il suffit qu'au cours du xiiie siècle le « nationalisme » messin se soit tempéré de libéralisme et de tolérance pour que des mesures de ce genre soient devenues rares et que, par suite, les forains aient ressenti, à défaut de garanties juridiques, une certaine sécurité morale ; par là même l'entrée dans la bourgeoisie perdait à leurs yeux de son intérêt immédiat. Sans doute, le titre de bourgeois conférait d'autres avantages : l'accès aux charges municipales et des privilèges d'ordre économique. Mais le régime municipal messin est profondément aristocratique et à moins de faire partie des Paraiges [2], les bourgeois sont réduits à un rôle politique à peu près nul. Restent les privilèges économiques, de quelle nature sont-ils ? Ils ne sont spécifiés dans aucun atour particulier, mais on peut les déduire de quelques mesures législatives qui ont été conservées. Ces privilèges se résument dans la protection que la cité assure à ses membres ; au Moyen âge, le morcellement de la puissance publique entraîne l'isolement des individus et voue à l'échec toutes les tentatives pour entreprendre des opérations commerciales en dehors de la seigneurie, l'audacieux qui s'y résout le fait à ses risques et périls ; qu'il arrive dans une ville autre que la sienne, il y est mal vu, il peut être arrêté, ses marchan-

---

(1) *Hist. gén. Metz. Bénéd*, t. III, Preuves, p. 329 « on doit faire sa vaillance après l'an et lou jour passeit, c'ilz veult avoir la bourgerie ».

(2) Les « Paraiges » sont des groupes de familles messines, au nombre de cinq et qui, constituant une sorte de patriciat urbain, fournissent avec le Commun les officiers municipaux.

dises saisies et retenues en gage [1]. Il n'échappe à ces dangers que s'il est muni d'une lettre de sauvegarde délivrée par le seigneur du lieu ou encore s'il appartient à une ville assez puissante pour prendre en mains ses intérêts, les faire respecter, soit par la force, soit en signant avec des villes ou seigneuries voisines des traités par lesquels les contractants se garantissent des avantages réciproques [2]. Si la théorie qui voit dans l'association des mercatores l'origine du groupe urbain du Moyen âge est contestable [3], il est exact pourtant que les marchands plus que d'autres aient eu intérêt à se grouper et à s'assurer le bénéfice de l'association pour leurs entreprises commerciales.

On comprend, dès lors, que ces avantages soient très recherchés de quelques-uns et qu'on voie même des étrangers se faire recevoir bourgeois de Metz, sans habiter la ville, à seule fin de pouvoir se réclamer de l'autorité des institutions municipales messines [4]; mais ce sont là de riches commerçants dont les entreprises dépassent le pays messin; le nombre ne peut en être que restreint.

Par contre, cette sauvegarde en territoire étranger est d'un intérêt médiocre pour tous les petits industriels et boutiquiers qui approvisionnent le marché local et qui, s'ils travaillent pour l'exportation, passent par l'intermédiaire d'un commissionnaire. Il résulte de tout ceci que, dans la seconde

----

(1) On trouvera à ce sujet quelques renseignements dans Collinet, *La saisie privée*, Thèse pour le Doctorat, Faculté de droit de Paris, 1893.

(2) On trouvera dans *Hist. Gén. Metz. Bénéd.* t. IV, *passim*, des conventions entre Trèves et Metz. — Voir aussi le rapport des Sept de 1321 qui fixe la procédure à suivre pour le cas où un bourgeois entame une action contre un habitant des villages du pays messin qui sont à des seigneurs laïques ou ecclésiastiques (Copie XV° s. Arch. munic. Metz, carton 88, Liasse 44. Édité dans *Hist. Gén. Metz. Bénéd.*, t. III, Preuves, p. 339). Voir aussi Collinet, *op. cit.*, p. 108.

(3) Théorie de Pirenne dans *Revue historique*, 1895, t. LIII et LVII.

(4) 31 A. Helewis d'Airancey li teliere ki demore a Verdun. — Hennelo Mannegout ki maint à Longeville. — 31 B. Symonins Copechasse de Monchaim ki stat à Thionville.

moitié du XIIIe siècle, le droit de bourgeoisie devait être avidement recherché par quelques rares étrangers riches et ambitieux, mais qu'il devait laisser indifférents un grand nombre de forains.

En revanche, les charges financières qui tendaient à éloigner de la bourgeoisie la plupart des forains étaient un des principaux motifs qui poussaient la cité à augmenter le nombre de ses bourgeois, puisqu'elle accroissait d'autant sa capacité financière; nous serions donc assez disposé à admettre que, par une mesure qui devait être fréquente dans l'histoire de Metz, la ville fit faire en 1286 et 1290 un recensement général de la population pour incorporer à la cité les forains immigrés à Metz et mit ceux-ci en demeure de prendre la bourgeoisie (1), ce qui ne veut pas dire que dans les listes de ces deux années ne figurent que des bourgeois *contraints*, ni que l'opération fut parfaitement menée puisque des forains, nous avons déjà signalé leur cas, installés à Metz avant 1286, ne se feront recevoir bourgeois qu'en 1290 (2).

Si l'on accepte cette interprétation, on peut penser que le travail fut mené de la façon suivante. Au cours des deux années 1286 et 1290, le Maître Echevin, qui est le véritable chef de la cité messine (3) et qui d'ailleurs est rendu

---

(1) L'atour de 1382, auquel il a déjà été fait allusion plusieurs fois prend seulement des mesures pour l'avenir; mais celui de 1434 (Bibl. municip. de Metz. Ms. 914 p. 261) oblige tous les forains qui sont établis depuis cinq ans dans la ville à prendre la bourgeoisie dans les 15 jours et à prêter serment, sous peine d'expulsion. — En 1605, il est fait recherche de ceux qui « se sont retirés depuis dix ans ou douze ans environ, pour leur faire payer quelques deniers d'entrée pour le droit de bourgeoisie » (Arch. municip. de Metz, dossier n° 271).

(2) Voir plus haut, page 556, note 2. Notons que, dans les cinq cas signalés, il s'agit bien de Messins qui, antérieurement à l'inscription sur la liste des bourgeois, se sont rendus acquéreurs de propriété immobilière; ils répondent donc pleinement aux conditions exigées, même dans le cas où l'on admettrait que la possession d'un bien immobilier était indispensable pour acquérir la bourgeoisie.

(3) Prost, *Les Institutions judiciaires*, p. 5 et 19.

responsable par l'atour de 1317 de la régularité des opérations d'inscription sur le rôle des manants [1], invite tous les forains établis à Metz à requérir la bourgeoisie. Parmi les immigrés arrivés depuis peu à Metz, certains, qui attachaient du prix au titre de bourgeois, n'avaient pas attendu cet ordre pour se présenter devant le Maître Échevin et les Treize; la preuve en est qu'on en trouve plusieurs qui, chaque année, durant la période 1287-1290, se font recevoir bourgeois, mais, pour les raisons exposées plus haut, le nombre ne devait pas en être très élevé; leur nom était inscrit sur une sorte de registre-minute, après qu'ils avaient prêté le serment d'usage. Si l'on excepte ceux contre qui ne pouvait s'exercer le droit de poursuite parce que nobles ou originaires d'une ville de bourgeoisie, l'inscription ne conférait pas au postulant la bourgeoisie, et c'est seulement au bout d'un an et un jour que le droit de poursuite étant éteint, la bourgeoisie était acquise; à ce moment, le nouveau bourgeois acquittait le droit d'entrée.

Mais, on peut se demander si, pour les forains de « la nation de Metz » et pour la masse de ceux qui, installés depuis plusieurs années, n'avaient jamais été inquiétés par leur seigneur primitif et qui n'avaient point de raison spéciale pour revendiquer les lourdes charges de la bourgeoisie, cet appel du Maître Échevin suffisait. On peut en douter et imaginer qu'un véritable recensement dut être opéré à travers la ville, analogue à celui que prescrit l'atour de 1434, qui confie ce travail aux «comtes, bannerots et marliers [2] ». Selon le même atour, ceux-ci doivent, quinze jours après l'arrivée des immigrants, remettre aux Treize une cédule avec les noms, surnoms et domicile des nouveaux paroissiens. Sans doute, un siècle et demi sépare l'atour de 1434 de notre liste et aussi bien dans l'atour en question cette mesure a-t-elle le caractère d'une véritable nouveauté; toutefois, si l'on suppose une opération analogue faite dans chaque

----

(1) *Hist. gén. Metz. Bénéd.* t. III, Preuves, p. 329.
(2) Ce sont des officiers des paroisses de Metz.

paroisse, par les marliers par exemple, en 1286 et 1290, avec remise d'une cédule au clerc des Treize, on peut expliquer certaines bizarreries qui frappent dès qu'on étudie la liste dans le détail : on comprend et que le recensement étant mal fait en 1286, des forains aient pu échapper à l'enquête au point de faire juger utile une nouvelle opération quatre ans après, et qu'il y ait des répétitions, car des forains ont pu se faire inscrire alors qu'une cédule était déjà établie à leur nom. Surtout cette hypothèse rend compte de l'absence de toute règle dans la rédaction des mentions ; si tous les forains s'étaient présentés en personne devant le même clerc, on comprendrait mal que celui-ci n'ait pas demandé à chacun les mêmes renseignements. Cette variété au contraire s'explique si l'on admet que les cédules ont été établies par des marliers ou officiers de quartiers et que ceux-ci n'ont pas reçu d'instructions générales précises du Maître Echevin.

D'autre part, nous avons montré que, dès la fin du XIIIe siècle, il était d'usage d'établir, dans certains cas, des actes de deux catégories : des lettres de bourgeoisie et des notices de bourgeoisie. Tous ces documents (registre d'inscription, cédules, lettres, notices) étaient déposés dans l'arche au Grand Moustier dont le Maître Echevin et deux amans avaient la clef[1], ce sont eux qui chaque année, à une date qui ne peut être fixée, étaient utilisés par le clerc des Treize pour établir sa « liste des manants [2] ».

Pour résumer et préciser, on peut décrire comme suit la méthode de travail suivie pour établir la liste de 1286-1290. Au début de 1287, le clerc porte au net sur son rouleau les noms des forains « de la nation de Metz » pour qui l'inscription était vraisemblablement de droit, ces noms lui étaient fournis par les cédules, ou si l'on n'admet pas l'hypothèse d'un recensement, par le registre-minute où étaient enregistrées les déclarations des postulants. Parmi les noms des

(1) Atour de 1382.
(2) Nous pensons que ce travail incombait au clerc des Treize, en raison du rôle joué par les Treize dans l'admission des nouveaux bourgeois ; c'est le clerc des Treize qui, d'après l'atour de 1434, reçoit les cédules.

autres forains, il ne retenait que ceux qui, établis à Metz depuis de nombreuses années, étaient depuis longtemps à l'abri du droit de poursuite ou qui, ayant fait leur déclaration de domicile et réclamé la bourgeoisie depuis plus d'un an et un jour, échappaient à leur seigneur; enfin peut-être y avait-il déjà, dès cette époque, une admission prononcée par le Conseil et dans ce cas le clerc devait s'appliquer à ne pas reproduire sur sa liste les noms de ceux qui ne pouvaient figurer au rôle des manants, soit qu'ils aient été « poursuivis », soit qu'ils n'aient pas été admis par le Conseil, soit qu'ils aient refusé de payer leur droit d'entrée. Il faut aussi tenir compte du serment, qui est la condition essentielle imposée au nouveau bourgeois; son refus pouvait entraîner l'expulsion immédiate. Si l'on admet que tous les candidats à la bourgeoisie se présentaient en personne devant les Treize, il est probable que certaines « journées » étaient réservées à l'inscription et qu'ainsi on pouvait, en faisant jurer plusieurs forains à la fois, éviter une perte de temps. Admet-on le recensement avec remise de cédules? Il faut alors supposer que les forains étaient tous invités par convocation à prêter serment.

On a vu, dans la première partie de ce travail, que le scribe de 1287 avait écrit la liste des bourgeois reçus en 1286 d'un seul jet; il n'est pas certain qu'il ait incorporé dans sa liste les noms qui lui étaient fournis par les lettres ou notices de bourgeoisie, car la notice concernant la fautei de « Jenas li genres la Chappe de Briey » (1286) a été reportée après la liste de 1286 et est d'ailleurs d'une autre écriture.

Durant les années 1287, 1288, 1289 et 1290, des clercs différents transcrivirent, à des dates qui nous échappent, les noms des forains requérant la bourgeoisie, tels qu'ils étaient inscrits sur le registre-minute ou tels qu'ils étaient fournis par les lettres et notices; pour ces dernières, les clercs prirent l'habitude d'en donner une courte analyse avec la date, mais cette coutume ne deviendra légale et obligatoire qu'avec l'atour de 1317. Au cours de l'année 1291, à la suite d'une nouvelle opération pour incorporer à la cité les immigrés qui avaient négligé de prendre la bourgeoisie, le clerc a mené son travail suivant le plan adopté par son prédécesseur de 1286. Cependant, comme la dernière partie du rouleau comprend des mentions d'écritures différentes, il faut admettre qu'il y eut plusieurs clercs qui travaillèrent à copier les noms, que les inscriptions furent portées par paquets, au fur et à mesure peut-être qu'arrivait à son terme, pour les groupes de candidats, le délai d'an et jour.

Le rouleau ainsi établi ne comprenait que les noms de ceux qui, ayant rempli toutes leurs obligations, étaient reçus bourgeois. Il avait valeur d'acte authentique, et c'est ce rôle des manants, déposé dans l'arche du Grand Moutier (la Cathédrale) qui était consulté, quand il s'agissait de prouver la bourgeoisie d'une famille messine [1].

Les deux documents que nous avons essayé d'interpréter prouveraient donc (surtout le Document II) et un fort mouvement d'immigration vers Metz au xiiie siècle, et un effort du corps municipal messin pour incorporer tous les immigrés à la cité, de façon à réaliser la confusion des manants (au sens étymologique du mot) et des bourgeois. C'est la même tendance qu'on retrouve à travers le xive et le xve siècles, avec les atours de 1317, 1382 et 1434 qui cherchent à imposer la bourgeoisie à une masse d'étrangers qui entendaient profiter des avantages de la ville, de la « fermeteit », en particulier, sans avoir à suppporter les charges pécuniaires et militaires incombant aux bourgeois.

ORIGINE DES NOUVEAUX BOURGEOIS.

Ainsi qu'on a déjà eu l'occasion de l'indiquer, la totalité (ou presque) des mentions du Document I, la moitié environ de celles qui correspondent aux années 1286-1290 comportent l'indication du lieu d'origine des nouveaux

(1) Voir plus haut, p. 532.

bourgeois; ceux-ci nous apparaissent donc comme des immigrants, venus de la campagne en général, et il est assez tentant d'utiliser ces indications pour déterminer l'attraction exercée par Metz au xiiie siècle sur les campagnes du pays lorrain. Si des études analogues pouvaient être faites, pour d'autres villes, on prendrait une idée plus précise du mouvement urbain au xiiie siècle et de l'importance des villes à cette époque (1).

Pareille étude avait déjà sollicité l'attention de Wichmann; réduit aux seuls bans de tréfonds (car il ne parait pas avoir connu les deux documents que nous étudions), il avait songé à utiliser les indications d'origine, souvent accolées aux noms de famille relevés dans les bans de tréfonds, pour donner une idée de la force d'attraction de Metz au xiiie siècle. Dans un article publié dans le Jahrbuch en 1909 (2), il remarquait que les bans édités par lui contenaient la mention de 341 localités différentes, qui avaient envoyé à Metz un contingent d'immigrants et il se proposait de joindre au tome IV de l'œuvre (soit le deuxième volume des Tables) une carte destinée à traduire le fait sous une forme géographique. Malheureusement, la mort a empêché Wichmann de mener à bien son œuvre et Grimme qui a publié le dernier volume (tome IV) ne s'est pas cru en mesure de donner la carte promise.

La tentative de Wichmann était fort intéressante et nous ne faisons que la reprendre sur des bases différentes. Les documents qu'il se proposait d'utiliser sont un peu sujets à caution : les Messins qui figurent dans les actes de prise de bans peuvent être établis à Metz depuis plusieurs générations, sans que rien nous en avertisse. Les noms relevés par Wichmann sont bien des noms d'immigrants, mais comme

____

(1) Ce travail a été fait par Espinas pour Douai et pour la période 1318-1334. Voir Espinas, *op. cit.*, t. I, p. 395-418 et t. IV. Tableaux II et IV (Carte des lieux d'émigration attribués aux nouveaux bourgeois, 1318-1334).

(2) Wichmann, *Die Bedeutung der Metzer Bannrollen als Geschichtsquelle*, J. d. G. f. l. G. u. A., 21e année, 1. Bd., 1909, p. 60.

la date de leur installation à Metz peut remonter assez loin dans le passé, ils ont le tort d'apporter des renseignements un peu vagues parce que non datés, sur le phénomène d'immigration à Metz. On notera, d'ailleurs, que les bans de tréfonds publiés par Wichmann s'étendent de 1220 à 1298, soit sur une période de trois quarts de siècle, et que, par suite, la carte qu'il projetait aurait eu le défaut de ne pas correspondre à une période suffisamment délimitée et restreinte. D'autre part, dans les bans de tréfonds, les noms des contractants sont donnés sans règle fixe : les rédacteurs se contentent souvent de donner le nom de famille, sous sa forme la plus courante et surtout la plus courte sans indiquer le lieu d'origine, et il est assez remarquable que pour cette longue période (pour laquelle nous avons conservé 17 rouleaux) on trouve seulement 341 localités indiquées comme lieux d'origine d'habitants de Metz; c'est vraiment fort peu.

Les documents dont nous disposons paraissent susceptibles de fournir des renseignements plus précis et à certains égards plus complets. Ils renferment seulement des noms de nouveaux bourgeois et pas d'autres [1]; au contraire, dans les prises de ban qui concernent des ventes et des achats, les nouveaux venus dans une ville ne sont pas les seuls qui paraissent; les mutations de propriétés intéressent aussi, et sans doute dans une forte proportion, les habitants qui forment le fond ancien de la population, ceux-là même dont le nom de famille s'est débarrassé de toute indication relative au lieu d'origine; ainsi s'explique le nombre relativement restreint des noms de localités relevés par Wichmann. Si nous abordons le problème de l'origine des immigrants dans de meilleures conditions, il ne faut pas toutefois se faire d'illusion sur la valeur des documents utilisés; ils n'ont pas une valeur absolue, ainsi qu'il ressort des quelques remarques que voici :

On sait déjà que les nouveaux bourgeois ne sont pas, en

---

(1) Nous donnons à la page 607 du présent travail une table de tous les noms de personnes qui figurent dans les deux listes (Documents I et II).

général, venus s'établir à Metz l'année même où ils ont reçu le droit de bourgeoisie ; les bans de tréfonds nous ont montré que plusieurs d'entre eux étaient fixés à Metz une dizaine d'années auparavant ; autrement dit, les listes ne nous donnent pas un courant régulier d'immigrants, sauf peut-être pour la période 1239-1242. D'autre part, quelques cas isolés, qui nous sont décelés par les bans de tréfonds, permettent de penser que tous les étrangers résidant à Metz en 1286 ne sont pas devenus bourgeois cette année là [1] ; bourgeois et immigrants ne forment pas deux groupes qui coïncident parfaitement. Il faudrait tenir compte également des bourgeois qui, nantis du privilège de bourgeoisie, résident en dehors de Metz [2] ; le nombre, il est vrai, en est tout à fait restreint, négligeable, et au total on peut penser que le nombre des nouveaux bourgeois pour une période donnée est sensiblement inférieur à celui des immigrants pour la même période.

Toutes les mentions ne donnent pas l'indication du lieu d'origine, il s'en faut de beaucoup. Le Document I fait connaître 331 nouveaux bourgeois dont 24 seulement sont d'origine inconnue ; le Document II donne un total de 458 noms, mais 283 seulement avec la mention du lieu d'origine ; comme il y a des doubles emplois et que la même localité a fourni parfois plusieurs émigrants, on arrive à un total d'environ 300 localités, chiffre relativement élevé, si on le compare à celui donné par Wichmann qui utilisait des documents plus nombreux et correspondant à une période beaucoup plus étendue.

Nous avons compris dans notre liste certains noms de localités, très rares il est vrai, qui, par la force de l'habitude, sont devenus des noms de famille ; un des cas les plus curieux est celui de Buisei (Buchy) qui est porté par plusieurs manants de 1239 : *Arnols Buisei, Robins Buisei* et *Piericins Buisei* ; la liste qui nous a conservé leurs noms est, on le sait, très sobre de détails et ne fournit aucune indication sur le

____

(1) Voir plus haut page 556, note 2.

(2) Ce sont les bourgeois appelés dans certaines villes « bourgeois forains » et qui ont été signalés p. 564, note 4.

degré de parenté entre émigrants, mais il est vraisemblable qu'il s'agit là de trois frères ou tout au moins de trois membres de la même famille, originaires du village de Buchy; un autre personnage portant le même nom : *Colas li meutiers Buxey* figure dans la liste de 1286 [1].

Cet exemple est un cas limite et exceptionnel, celui d'une famille « déracinée » depuis assez longtemps pour que son lieu d'origine soit devenu un surnom. Dans la majorité des cas, le nom d'origine garde toute sa valeur, il est relié au nom de famille ou au surnom par la préposition *de*. Mais comment faut-il interpréter cette indication d'origine? convient-elle proprement au nouveau bourgeois, est-ce un immigrant de date récente, ou bien porte t-il ce nom par tradition et dans ce cas l'immigration doit-elle être reportée à une ou deux générations antérieures? Le cas apparaît fort embarrassant, même quand la filiation du nouveau bourgeois est indiquée; en voici quelques exemples, où la mention portée sur la liste des manants est mise en parallèle avec l'indication fournie par les bans de tréfonds :

Watrins li charpantiers li filz Ysembairt de Remilley (31 B) [2].
Waterins de Remilley li charpentiers (M.B. 1281, 589).

Lowias li charpentiers li filz Buevelat d'Abes (31 D) [3].
Lowias li charpentiers d'Aubes (M.B. 1290, 459).

Chardas de Mardeney li filz Blowat (31 A) [4].
deleis Blowel de Mardeney (M.B. 1298, 527 ²⁷).

Enfin, cette mention empruntée à la liste de 1286 : Jaikemins de Gorze li filz Jehan de Gorze dou Champel.

Tous ces exemples présentent une précision exceptionnelle; mais, à la réflexion, on n'en est que plus embarrassé pour

(1) P. 594 D.
(2) P. 598 A.
(3) P. 604 R.
(4) P. 593 M.

interpréter exactement l'indication d'origine. Est-ce le père qui a quitté la campagne; le fils est-il un citadin de naissance ou est-il encore un rural d'origine? Quand la filiation n'est pas indiquée, on est incité à penser que le nouveau bourgeois est bien un immigrant arrivant de la campagne ou fixé depuis peu à Metz, mais à la réflexion, le fait paraît moins certain.

Au total, les documents dont nous disposons paraissent d'une précision légèrement supérieure à ceux que Wichmann se proposait d'utiliser; ils ont surtout cet avantage, qu'ils nous permettent de saisir le phénomène de l'immigration dans des limites de temps assez restreintes. En effet, sur les 40 cas signalés où un bourgeois de 1286-1290 est mentionné dans des documents antérieurs à ces dates, c'est en général dans les quinze années qui ont précédé l'inscription que le nom des futurs bourgeois apparaît dans les bans de tréfonds. Si même on suppose que, dans bien des cas, le bourgeois n'est pas lui-même un immigrant, mais que son père, dont il a gardé le nom, a déjà vécu plusieurs années à Metz sans prendre la bourgeoisie, on admettra qu'il est raisonnable de ne pas reporter au-delà des quarante ans qui précèdent l'inscription au rôle des manants la date de l'arrivée effective de l'immigrant ou de son père à Metz. Je ne me dissimule pas combien tous ces raisonnements pêchent du fait que nous ne possédons pas la série complète des bans de tréfonds; si nous l'avions, nous verrions peut-être de futurs bourgeois apparaître dans les bans à une date antérieure à celle où les documents dont nous disposons actuellement nous permettent de constater leur présence à Metz et notre limite serait reculée d'autant, mais d'autre part, il faut bien admettre aussi que le nom d'origine, dans bien des cas, est propriété personnelle de l'individu mentionné et qu'il a été inscrit sous ce nom, parce que précisément il était installé depuis peu à Metz.

Avant d'étudier la zone dont sont originaires les immigrants nous avons dû identifier les noms de lieux qui sont cités dans les documents considérés; pour éviter des répétitions nous avons donné les résultats de ce travail sous forme d'une table des noms de lieux où les formes anciennes sont rangées par ordre alphabétique avec en regard l'identification proposée (1). Pour pouvoir dresser un inventaire exact et complet des localités qui ont contribué à alimenter la population messine, il faudrait arriver, dans le travail d'identification, à une rigoureuse certitude; or, nous ne saurions nous vanter d'un tel résultat en dépit des excellents instruments de travail auxquels nous avons eu recours (2). Indiquons au moins les noms pour lesquels il n'est point d'identification rigoureuse possible.

Il est d'abord des noms pour lesquels il n'a pu être proposé aucune identification; ils sont d'ailleurs peu nombreux, et dans la première partie de cette étude, on a conjecturé que des fautes de copie avaient pu défigurer ces noms; il était tentant, par suite, de proposer des corrections; nous avons préféré garder les formes telles quelles et laisser à d'autres plus habiles le soin de résoudre ces énigmes (3).

Il est, d'autre part, quelques rares noms pour lesquels une identification a été hasardée, bien que douteuse; ces noms sont signalés spécialement dans la table.

Beaucoup plus nombreux sont les noms pour lesquels la forme moderne ne fait pas de doute mais qu'on ne peut identifier de façon certaine, en raison du grand nombre de villages qui répondent à un tel vocable. Comment décider entre les nombreux Dommartin, Norroy, Villers, Pagny, Saulxures

(1) On trouvera cette table à la page 627 du présent travail.

(2) En dehors des Dictionnaires topographiques de Lepage, Bouteiller, Liénard, pour ne parler que des départements lorrains, j'ai trouvé d'excellentes indications dans :

Wichmann. *Die Metzer Bannrollen*. Band IV, Teil IV² (Vororte von Metz) et Teil IV³ (Andere Ortschaften) 1916;

Das Reichsland Elsass-Lothringen, herausgegeben von dem statistischen Bureau des Ministeriums für Elsass-Lothringen. III⁰ʳ Teil. *Ortsbeschreibung*. Strasbourg, 1903;

Pouillés de la province de Trèves, publiés par Aug. Longnon et l'abbé Victor Carrière. Paris, 1915.

(3) Voici ces noms : Davitfosse, Denanges, Hermuccort, Hurpigne, Risebore, Sezanges, Welz.

de la région de l'Est, pour ne citer que les noms les plus fréquents, quand aucun déterminatif ne leur est joint? Au
premier abord, il semblerait naturel, entre plusieurs localités
de même nom, de choisir celui des villages le plus rapproché de Metz, mais on renoncera vite à ce criterium si l'on
songe qu'il est des immigrants qui viennent de localités fort
éloignées de Metz : Châlons-sur-Marne, Sapignicourt (Marne),
St-Michel (Aisne), sans parler de Montpellier ou de Paris. Il
n'était donc pas possible de faire entrer en ligne de compte,
pour l'établissement de la carte projetée, les noms d'identification incertaine et plusieurs localités citées dans les deux
documents ont dû, de ce fait, être rejetées.

Si, en tenant compte de ces réserves, on souligne sur une
carte au 200.000ᵉ par exemple (1) les noms des localités qui
ont fourni des immigrants à Metz, en adoptant une couleur
distincte correspondant à chacune des deux périodes : 1239-
1242 d'une part, et 1286-1290 de l'autre, on pourra faire les
remarques suivantes.

La zone d'immigration est restée la même durant les deux
périodes; sans doute les villages qui fournissent des immigrants ne sont pas les mêmes, mais cela tient simplement
au fait que, dans un cas comme dans l'autre, les villages
signalés sont nombreux et qu'il est rare que le même village fournisse plusieurs émigrants; il n'y a donc pas lieu de
s'étonner que seuls quelques villages, une quarantaine en
tout, soient communs aux deux périodes; même là où l'on
constate de petits groupes d'émigrants, il serait exagéré de
parler de véritables centres d'émigration.

Mais, si le phénomène de l'émigration se répartit sur un
grand nombre de villages, ces villages ne sont pas jetés au
hasard sur la carte. Si on laisse de côté les localités « excentriques », dont nous parlerons tout à l'heure, la zone d'où sont

(1) C'est l'échelle la plus commode, car la presque totalité des localités
citées se trouvent sur la feuille Metz de la carte d'E. M. au 200.000ᵉ. Nous
avons fait, pour notre usage personnel, le travail cartographique dont il
est parlé ici; malheureusement, des difficultés d'ordre matériel n'ont
pas permis de joindre au présent article une reproduction de cette carte.

originaires les immigrants est délimitée par une ligne qui passe par Conflans, Pont-à-Mousson, Château-Salins, Morhange, St-Avold, Bouzonville, Thionville, Briey, pour aller rejoindre Conflans. Dans l'intérieur de cette zone, la densité n'est pas partout la même ; quelques régions sont particulièrement riches en villages d'émigrants : ce sont la vallée de la Moselle, le Saulnois et le pays de la Seille ; le phénomène s'explique sans peine : ce sont les régions les plus riches du pays messin, les plus peuplées sans doute, celles en tout cas où, dès le XIIIe siècle, les villages sont le plus denses, alors que les pays de forêts et d'étangs (forêt de Moyeuvre, plateau boisé de Rezonville-Mars-la-Tour, zone marécageuse de Gros-Tenquin), plus pauvres en villages sont plus faiblement représentés. Il est à noter également que Metz n'occupe pas le centre de la zone ; Metz est distant de Conflans de 25 kilomètres à vol d'oiseau, alors qu'on en compte une quarantaine jusqu'à St-Avold. Si l'on cherche à se rendre compte des raisons qui ont arrêté aux limites indiquées plus haut la force d'attraction de la cité messine, on remarque très rapidement, à la simple inspection de la carte, que certaines régions. sont tout à fait réfractaires à l'influence de Metz. Tandis que, vers le Nord, le Luxembourg fournit quelques émigrants, la Woëvre (région d'Etain et de Thiaucourt) et la vallée de la Sarre n'apportent pour ainsi dire aucun contingent ; d'un côté Metz entre en conflit avec Verdun, tandis que vers l'Est son influence est annulée par les villes de la Sarre, peut-être même par Strasbourg ; vers le sud, il faut tenir compte de l'influence de Toul, grande cité épiscopale.

En dehors de la zone considérée, on ne trouve qu'une cinquantaine de localités qui aient fourni un contingent à l'immigration, et encore ces localités sont-elles réparties sur un très grand territoire ; il est impossible de les ranger en des groupes de caractère géographique. Certaines sont en dehors de la Lorraine, c'est le cas pour Asti, patrie des Lombards, pour Paris, Montpellier, Châlons-sur-Marne, Sapignicourt (Marne), Hui (Belgique, province de Liège), Arlon ; la liste atteint au total une vingtaine de noms [1] ; chaque localité a fourni en général un seul immigrant; ce sont là manifestement des cas exceptionnels qui sont pourtant à retenir, car ils prouvent la mobilité économique des hommes du XIIIe siècle, que nous sommes trop disposés à méconnaître. Pour les autres localités qui sont soit en Lorraine soit dans la région mosellane, il est à remarquer que beaucoup d'entre elles sont des centres urbains importants pour l'époque : Longwy, Sierck, Trèves, Luxembourg, qui durant une seule période (1286-1290) fournit huit nouveaux bourgeois, — Verdun, St-Mihiel, Commercy, Toul, Nancy, St-Nicolas-du-Port, Epinal (9 immigrants en tout).

En résumé, la population messine est entretenue en partie au XIIIe siècle par une immigration qu'alimentent dans une forte proportion les campagnes riches du pays messin, et pour une part très faible des centres urbains parfois très éloignés [2] ; deux faits sont à retenir comme certains : le fort courant d'immigration est fourni par la région avoisinant la ville (alors qu'aujourd'hui, les villes reçoivent des immigrants de plusieurs régions parfois fort lointaines) et les régions pauvres ne fournissent qu'un contingent minime.

Est-il possible d'aller plus loin dans la recherche des causes *locales* d'émigration? Nous ne le pensons pas ; en effet,

---

(1) Voici quelles sont ces localités « excentriques », situées en dehors de la Lorraine proprement dite et réparties en des groupes d'un caractère géographique un peu artificiel.

Groupe rhéno-mosellan : Ammeldingen-sur-Our, Kaerlich, Luenebach, Malberg, Sayn, Trèves (toutes ces localités dans la Prusse Rhénane).

Groupe luxembourgeois : Aspelt, Dudelange, Luxembourg (Grand-Duché de Luxembourg).

Groupe belge : Arlon, Hui, St-Trond, Tournai.

Groupe du département de la Marne : Châlons, Esternay, Sapignicourt, Vassy.

Il reste enfin les « isolés » : Asti — Arras, Montpellier, Paris, St-Michel (Aisne). — Il est bien remarquable qu'une seule localité alsacienne fournisse des émigrants (Ingweiler ; Bas-Rhin).

(2) Même phénomène à Douai ; les centres éloignés qui fournissent des immigrants à Douai sont des centres urbains. Voir Espinas, *op. cit.* t. I, p. 404.

les documents dont nous disposons sont trop fragmentaires
et se rapportent à une période trop restreinte; c'est ainsi qu'on
ne peut noter aucun centre local d'émigration intense; quelques localités ont fourni deux ou trois émigrants, rarement
plus, ce sont souvent des parents. Il est très possible d'ailleurs que cette absence de centres importants d'émigration
soit un phénomène général au XIIIe siècle [1].

Dans l'étude des causes spéciales qui, pour chaque localité
expliquent l'émigration, les seuls éléments d'explication qu'on
puisse retenir sont de deux sortes : le métier pratiqué par
l'émigrant et les facilités qui lui sont accordées pour gagner
la ville. Pour les métiers, il est impossible de se prononcer;
souvent, sans doute, mention est faite du métier du nouveau
bourgeois, mais on ne peut affirmer qu'il le pratiquait déjà
dans son village natal; il est plus vraisemblable qu'installé à Metz depuis plusieurs années avant d'être reçu
bourgeois, il a fait son apprentissage dans la ville; tout ce
qu'on pourrait tirer de la liste de 1286-1290, ce sont des
indications sur la répartition des métiers entre les différents
quartiers de Metz [2], mais il n'y a là rien qui n'ait été déjà
signalé par Wichmann. Il serait plus intéressant de savoir
dans quelle mesure les traités d' « entrecours », la négligence
des seigneurs à exercer leur droit de poursuite, le libéralisme relatif des coutumes rurales qui souvent reconnaissent au
sujet d'un seigneur le droit de quitter son village, expliquent
la répartition des émigrants entre certaines localités, mais
une pareille étude, en admettant qu'elle soit possible, dépas-
serait les cadres d'un simple article de revue. Le fait d'ailleurs que les localités ne s'inscrivent que pour un chiffre
infime d'émigrants laisserait plutôt supposer que le départ

____

(1) Espinas signale le même phénomène dans son étude sur Douai,
(Espinas, *op. cit.*, t. I, p. 404); cependant sur 38 villages voisins de
Douai, 15 envoient plus d'un émigrant (de un à six émigrants par vil-
lage).

(2) Pour l'identification et l'explication des termes qui désignent des
rues ou des quartiers de Metz, je renvoie à [Grimme], *Die Metzer Bannrollen*, Band IV, Stadt-Metz.

des villageois s'est fait en cachette et qu'il n'était pas légal ;
simple hypothèse d'ailleurs qui aurait besoin d'être appuyée
sur d'autres documents ou à leur défaut sur un travail analogue à celui qu'avait projeté Wichmann.

Il reste enfin une dernière question sur laquelle les deux
documents nous apportent quelque lumière : le taux de l'immigration à Metz au XIIIᵉ siècle. La liste I donne pour quatre
années 334 nouveaux bourgeois, se décomposant comme suit :
1239 : 55; 1240 : 87; 1241 : 115; 1242 : 77 (soit une
moyenne annuelle de 83) et l'on sait que durant les années
1238 à 1242, les inscriptions se firent régulièrement. Pour la
période 1286-1290, nous avons relevé 458 noms inscrits dans
des conditions si particulières qu'on ne peut fixer le contingent exact de chaque année; contentons-nous d'une moyenne :
celle-ci est de 91. Il reste entendu que ces chiffres donnent
la moyenne des *nouveaux bourgeois* et non des *immigrants*,
la différence entre les deux catégories a été suffisamment
soulignée, mais il est bien certain qu'il y a entre elles un rapport tel que la moyenne annuelle des nouveaux bourgeois
peut être prise comme indice du phénomène plus général de
l'immigration.

Ces moyennes annuelles peuvent être comparées, soit
au chiffre total de la population messine au XIIIᵉ siècle, soit
à des moyennes annuelles du taux d'immigration emprun-
tées à une époque postérieure et à des villes différentes. Le taux
d'accroissement de la population est difficile à préciser en
raison de l'incertitude où nous sommes du chiffre total de la
population. Si l'on admet 35.000 habitants, chiffre auquel
Wichmann est arrivé par des calculs ingénieux [1], mais qui
paraît bien être un chiffre *maximum;* si d'autre part on admet
que chaque nouveau bourgeois est chef d'une famille qui
représente en moyenne quatre personnes, on obtient une
moyenne de 332 personnes par an durant la première période
et de 364 durant la seconde; Metz aurait ainsi reçu chaque

---

(1) Wichmann, *Die Bedeutung der Metzer Bannrollen*, J. d. G. f. l.
G. u. A. Bd. XXI, 1, 1909, page 73.

année un chiffre d'étrangers représentant le centième de sa
population totale. Pour la période de 1286 à 1290 le nombre
des immigrants s'éleverait à environ 1.600 personnes, ce qui
correspond à un accroissement de 4,5 pour 100 [1].

Ces calculs sont fort sujets à controverse; en voici qui
reposent sur des bases beaucoup plus solides. Pour Metz
même, nous possédons le registre des entrées de ceux qui
« ont estez ressus en la bourgeoisie » de janvier 1561 à
1637 [2]; ce registre est fort bien tenu; les entrées ont été inscrites au fur et à mesure, très régulièrement; on compte au
total 281 entrées, y compris 79 étrangers établis à Metz depuis
dix ans et inscrits d'office pour raison fiscale (1605) [3]; c'est
dire que le chiffre total (281) doit se rapprocher assez du
nombre des immigrants; la moyenne annuelle est de 37.

Les archives municipales de la ville de Metz contiennent
en outre, dans le carton n° 483, un cahier en papier qui
porte comme titre « *État des personnes qui se sont présentées
au greffe de l'Hôtel de Ville de Metz, pour se faire enregistrer
en exécution de l'ordonnance de la Chambre du 16 janvier
1753 à dessein d'acquérir le titre de bourgeoisie* » [4]. L'opération
paraît s'être poursuivie durant une partie de l'année 1753 et
le cahier comprend environ 1400 noms [5]. Cette opération

---

(1) Pour la France contemporaine où les villes s'accroissent presque
uniquement par l'immigration, en raison du faible taux de la natalité,
la population urbaine s'est accrue de 9,1 pour 100 (1876-1881), de 4,9, pour
100 (1881-1886), de 3,9 pour 100 (1886-1897). — (Meuriot, *Les agglomé-
rations urbaines dans l'Europe contemporaine*; Paris, 1897, p. 90). Si
l'on admet pour Metz une population inférieure à 35.000 habitants, le
taux d'accroissement par suite de l'immigration se trouve relevé d'autant.

(2) Archives municipales de Metz n° 271. Registre de papier de 38 folios;
sur la couverture en parchemin est écrit le titre « *Registre des Bourgeoys* ».
Les bourgeois qui ont prêté serment sont rangés par ordre alphabétique
pour la période du 29 janvier 1561 à 1637.

(3) Archives municipales de Metz, n° 271, f° 28, r°.

(4) Archives municipales de Metz, n° 483. Le registre qui compte au total
118 folios de papier est formé de plusieurs cahiers; le premier cahier
qui porte le titre a reçu à tort la cote : Pièce n° 3.

(5) Je dis environ, car le temps m'a fait défaut pour dénombrer une à
une les inscriptions.

était une revision générale des étrangers établis à Metz
depuis longtemps (les uns depuis dix ans, d'autres depuis
40 ans) : admettons en moyenne un séjour antérieur de
quinze ans, on obtient pour l'immigration annuelle un chiffre
moyen de 93, qu'il faudrait peut-être relever un peu pour
tenir compte des étrangers qui ont demandé d'eux-mêmes
le droit de bourgeoisie, sans attendre l'ordonnance de 1753
et qui ne figurent pas dans le registre n° 483

Il résulte de là que le taux du xiiie siècle est élevé, il est voisin du taux du xviiie siècle, époque de calme et de prospérité
et il est bien supérieur à la moyenne des années de misère
qui correspondent à la fin du xvie et au commencement du
xviie siècle.

D'autre part, une comparaison intéressante peut être
faite avec deux autres grandes cités du Moyen-Age, Ypres
et Douai. La ville d'Ypres possède dans ses archives municipales un registre de nouveaux bourgeois pour la
seconde moitié du xive siècle, document qui a été signalé
par M. Pirenne [1]. Des années 1352 à 1380, le « Poorterieboek » d'Ypres donne une moyenne annuelle de 109 entrées,
chiffre un peu supérieur à celui que nous avons trouvé
à Metz pour la période 1239-1242 (le chiffre le plus élevé est
176 en 1352 et le plus bas 70 en 1372) [2]; mais si l'on veut
faire une comparaison avec les chiffres de 1286-1290, il faut
remarquer que nous avons affaire ici dans un cas comme
dans l'autre, à des entrées de *bourgeois*; toutefois tandis que,
pour Metz, nous n'avons que les chiffres de cinq années seulement dont trois sont à peu près vides, le « Poorterieboek »
indique les entrées des nouveaux bourgeois de 1352 à 1380
sans interruption, soit durant 17 ans, ce qui explique la
moyenne plus élevée d'Ypres. Si l'on compare les moyennes
telles quelles, on constate que l'immigration à Metz se poursuit dans des conditions numériques analogues, réserve

---

(1) Pirenne, *Les dénombrements de la population d'Ypres au xve siècle.*
dans *Vierteljahrschift für Social-und Wirtschaftsgeschichte* I. Band,
1903, p. 1-32.
(2) Pirenne, *op. cit.*, p. 4.

faite pourtant que M. Pirenne admet pour Ypres au xive siècle une population de 10.000 habitants seulement.

Quant à Douai, on a déjà signalé (1 que de 1318 à 1334 le nombre des nouveaux bourgeois s'est élevé à 148, soit une moyenne annuelle de 15, sans que le chiffre annuel des entrées dépasse jamais 32; à Douai le taux de l'immigration au xive siècle est donc du même ordre de grandeur qu'à Senlis (2) pour la même époque et reste fort éloigné des chiffres que nous avons relevés à Metz pour le xiiie siècle.

Enfin la comparaison avec Ypres et Douai offre encore un autre intérêt. Tandis que le plus ancien registre de bourgeoisie de Douai remonte à 1318 et que le « Poorterieboek » d'Ypres débute avec l'année 1352, la liste des « manants » messins donnés par le Document I est antérieure de trois quarts de siècle au plus ancien de ces deux registres.

Les archives des villes du Moyen âge offrent-elles pour le xiiie siècle des documents analogues à ceux de Metz? Il serait intéressant de le rechercher et d'établir une bibliographie des « Livres de bourgeoisie » qui nous sont parvenus (3). Leur étude pourrait apporter des renseignements sur

(1) Voir plus haut, page 560.

(2) A Senlis (Flammermont, *op. cit.*, p. 17), on trouve par an au « Cartulaire enchaîné » de 15 à 20 nouveaux bourgeois.

(3) J'ai indiqué au cours de cette étude (page 560, note 2), quelques documents de cette sorte qui m'ont été connus, souvent de façon indirecte. Voici le tableau d'ensemble des renseignements recueillis:

Pour Douai les registres BB 83 bis, 84 et 85 conservés aux Archives municipales de la ville donnent les entrées de 1318 à 1334, de 1398 à 1572 et de 1572 à 1708 (_Brassard] *Les clercs et les nobles à leur réception comme bourgeois de Douai* dans les *Souvenirs de la Flandre wallonne*, t. IV, 2e série, 1884, p. 106-138). Seul le premier de ces registres a été étudié par Espinas, *op. cit.*, t. I, p. 385 et suiv.

Pour Ypres un des registres de bourgeoisie, le « Poorterieboek » de 1352 à 1380, a été mentionné par Pirenne. *Le dénombrement de la population d'Ypres au* xve *siècle.*

Pour Senlis, quelques indications sur le « Cartulaire enchaîné » dans Flammermont, *op. cit.*, p 7.

Pour Noyon, indications malheureusement très vagues dans Lefranc, *op. cit.*, p. 149.

Pour Chauny, un Livre des Bourgeois a été publié par Poissonnier au bien des questions encore obscures concernant les constitutions urbaines au Moyen âge. Mais, à en juger par les indications qui ont été recueillies à l'occasion de ce travail, il ne semble pas qu'on ait signalé jusqu'alors, tout au moins pour la France, des listes de bourgeois antérieures à celles que nous publions ici; ce simple fait suffirait à leur assurer quelque valeur et à faire excuser une étude un peu longue et dont les conclusions restent trop souvent hypothétiques. Mais nous ne pensons pas avoir épuisé tous les problèmes que soulèvent ces deux listes de « manants », d'autres trouveront encore à y glaner des renseignements intéressants sur la vie urbaine et les conditions sociales à Metz au XIIIᵉ siècle. D'autre part, s'il est un peu vain d'espérer la découverte de nouveaux bans de tréfonds ou d'autres listes de nouveaux bourgeois du XIIIᵉ siècle, documents qui seuls pourraient permettre de résoudre d'une façon définitive quelques-uns des problèmes soulevés au cours de la présente étude, il suffirait cependant de recueillir dans les documents messins du XIIIᵉ siècle quelques indications précises sur l'état civil de plusieurs de nos nouveaux bourgeois pour confirmer ou détruire quelques-unes de nos conclusions. Or les cartulaires et livres-censiers des établissements religieux messins sont assez riches en documents du XIIIᵉ siècle pour qu'on puisse espérer y retrouver par un dépouillement attentif plusieurs des « manants » mentionnés dans les deux listes (1).

T. VI du *Bulletin du Comité archéologique de Noyon*. Ce livre remonte à 1405 ; la publication de Poissonnier ne m'a pas été accessible.

Enfin pour Genève voir Covelle, *Le livre des Bourgeois de l'ancienne République de Genève, publié d'après les Registres officiels.* Genève. J Jullien. 1897. Mais le titre du livre répond assez mal au contenu ; Covelle n'a pas publié un registre de bourgeoisie, il a fondu ensemble et présenté dans l'ordre chronologique tous les renseignements fournis par plusieurs *Livres de Bourgeoisie*, les *Registres du Conseil*, les *Lettres de Bourgeoisie* et les *Registres des Comptes de la Communauté*. Or les renseignements provenant de ces divers documents ne sont pas toujours concordants, leur mise en œuvre aurait réclamé une étude critique préliminaire, qui fait complètement défaut dans Covelle. Les plus anciennes entrées mentionnées sont de 1364.

(1) Signalons en particulier le cartulaire-censier du Chapitre de la Ca-

En tout cas, dès maintenant, quelques faits importants paraissent bien établis, ainsi le puissant développement de la vie urbaine à Metz dès le XIIIᵉ siècle, l'attraction exercée par la grande cité sur les villages d'une région assez étendue et aussi la mobilité économique des hommes du XIIIᵉ siècle, que nous imaginons volontiers fixés à leur sol natal. En somme, on constate dès cette époque lointaine un mouvement d'émigration vers la ville, un « brassage » général de la population qu'il serait vain de vouloir comparer à celui qui se poursuit depuis un demi-siècle dans l'Europe occidentale, mais qui au fond n'en est pas essentiellement différent.

thédrale de Metz (B. N. Fonds français, Nᵒ 11846), si riche pour le XIIIᵉ siècle en actes d'acensement et de constitution de cens se rapportant presque exclusivement à des immeubles situés dans la ville même de Metz et dont la publication, dans la collection des *Mettensia* par exemple, serait d'un si vif intérêt pour l'histoire de la propriété urbaine au Moyen âge.

I

*Original. — Rouleau de parchemin. — Bibliothèque Nationale;
Nouvelles acquisitions françaises 6732, pièce N° 108.*

Cist firent fautei quant li miliares corroit par M et CC et A
XXXVIIII ans.

Renualdins d'Ernauvile. — Arnols li Convers de Habeinvile.
— Arnols Buisei. — Warins de Juissei. — Robins Buisei. — B
Piericins Buisei. — Hanriat de Bascort. — Gerart de Saint Evre.
— Aubertins de Noweroi lo sac. — Lanbelins et Waterins ses
freres d'Asperc. — Adans de Tintelanges. — Simonins de Frasne C
et Habillons et Andreus sui frere. — Thierias de Limoncort.
— Lowions de Bossanges. — Gerardins de Heis. — Ruecelins
d'Angondanges. — Lanbelins de Cerlei et Lorans ses freres et D
Werions de Veinemont. — Gerars de Boenvile. — Ernals de
Vilers. — Waterons de Biaumont. — Robin de Larbrie. — Johans
Motons de Vantous. — Petrellin de Hurpigne. — Isenbart de E
Brueke. — Willeme de Brueke. — Guerebode de Brueke. —
Jennin de Noesceville. — Johan de la cort d'Epillei. — Jennin
d'Awignei. — Pierat de Lewons. — Colignon de Saunei. — F
Jennin Capitel. — Waterin de Sororvile. — Thierion d'Anerei. —
Reinier de Saint Michiel en Thieresche. — Bertrans d'Aboncort.
— Domangin de Boissieres. — Bertran de Werrise. — Gerart G
d'Amedanges. — Robert de Wales. — Simonin lo mercier. —
Godefrin de Soitru. — Colin de Guinnanges. — Thierion lo
maceon de Limoncort. — Balduin de Calredich. — Waterin de H
Rupignei. — Domangin de Belevile. — Aubert de Giuerei. —
Domengin de Dongeu. — Piericeon de Billanges.

q En l'an ke li miliares corroit par M et CC et XL ans.   I

Colins de Pusuels. — Godefrin de Siverei. — Lietart et Rembals
ses freres d'Aireincort. — Arnols de Cheminat. — Gerars d'Oltre.
— Stevenin de Geillaucort. — Broscart de Baseilles. — Huin de J
Spenil. — Weri de Leubei. — Gerart de Pivelanges. — Becelin de
Waldrike. — Lowi d'Obelanges. — Willame de Bosonvile. —
Roillon et Godefrin son frere de Wirei. — Bertremin de Montois. K

A — Simelo de Werrise. — Bertremin de Chastels sor Mosele. — Jennin d'Espinals. — Aurart d'Ollaucort. — Aubertin de Ruppignei. — Weriat de Rupignei. — Heces de Hoi. — Jennins et

B Simonins li enfant Cunin de Saint Evre. — Thieriat d'Aiseraule. — Stevenin de Moieneville. — Hecelin et Gerardin son frere de Xonvile. — Johan de Flavei. — Thierion de Maisieres. —

C Poinces de Stoncort. — Thieriat de Saunei. — Steines de Willanges. — 'Abers de Canpalcre. — Meinneis de Corceles. — Adans de Bertranges. — Thierias li poissieres de Chanbres. —

D Ulrions de Amerinvile. — Chardas de Vandieres. — Lowias de Billanges. — Jakemins de Richiermont. — Jennins Charbonelz. — Hanrions de Blabuevile. — Roillon Faicel de Sainte Marie aus

E Chasnes. — Gerars Valtravers. — Rainiers de Vals. — 'Simons de Saint Vincent. — Jennins de Triuet. — Godefrin d'Yngueviler. — Stevenin de Moienevile. — Simonins de Moieneville. — Auroin

F Hernaire. — Simonin de Nominei. — Warin de Provocort. — Falkignons de Cuvrei. — Thierions de Duelestor. — Thiebaut de Glatignei. — Godefroi lo serjant Soffrignon. — Hanris d'Angondanges

G et Waterins ses freres. — Waterins de Saint Jure. — Piericeon de Wargavile. — Simonin de Brueske. — Simonin Malroi de Nancei. — Jennins de Cuvrei. — Ugues de la cort d'Espinals.

H — Balduin lo fil Benoit d'Espinals. — Stevenin Spigot d'Espinals. — Cunins de Bu. — Thiebaus ses freres. — Jennin Amin de Spenil. — Alardin de Rongueval. - Willames de Tannei.

I — Goble de Harperc. — Thiebaut de Deulowart. — Colat de Montfaucon. — Werion d'Espinals. — Liebert de Lendenges. — Godefroi de Heceberc. — Auberon de Freicort. — Weri de Bienestor.

J — Aurart de Bienestor. — Lanbelins de Puesues. — Arnols de Siverei.

En l'an ke li miliares corroit par M et CC et XLI an.

Thieriat de Nonviant. — Hueceon de Parers en Wevre et Aubin

K son frere. — Demangin lo fevre de la vigne. — Johan de Duedelanges. — Boinvallet de Noescevile. — Matheu de Brohcim. — Ansel de Cheminat. — Thierion Ferrikin de Mairanges. — Milat de

L Hermuecort. - Simonin de Hernauvile. — Gerars d'Angondanges. — Huat lo fil Meffroi de Badrecort et Waterin son frere. — Martin de Baudrecort. — Weriat de Maiseroi. — Thieriat de

M Tronvile. — Former de Saint Avor. — Ricuin d'Aileisanges.

Balduin de Maiseroi. — Jaquemin de Luppei. — Godin de Spe-   A
nil. — Ottinel de Monchues. — Domangin de Saint Evre.
— Hanri de Rueranges. — Waterin de Zeitri. — Colin
d'Aixeranges. — Thierion de Mascre. — Huart lo janre Nicole   B
Baron. — Colin de Hameicort. — Richart de Droitaumont. —
Lanbelin lo charpantier de Simeincort. — Philipin de Moienevile
et Watier son fil. — Ansel de Broheim. — Rembaut de Chastels.   C
— Gerart d'Arraz. — Pieron lo mercier de Saint Arnolt. —
Johan de Guinnanges. — Stevenin et Colin son frere de Longevile. — Domangin de Deulowart. — Jaquemin de Richiermont-   D
— Martin d'Aviat. — Richart Murlin. — Cunes d'Adanges. — Bue-
vins et Piericins et Aubertins sui frere de Molins. — Gilibert d'Ot-
tanges. — Warnier de Vandicres. — Picrart de Siverei et Hueccon   E
son fil. — Boinvallet de Sainte Raphine et Bertalt son fil. —
Warin d'Ernauvile. — Neimeri de Valieres. — Piericeons d'Angondanges. — Otte de Faukemont. — Freirion de Haidonchastel.   F
— Willeme de Tetenges. — Gerardin de Venemont. — Becelin
son sororge. — Stevenin de Maleincort. — Clemignon de Vaissei-
— Thomassin d'Angondanges. — Louce de Haikeranges. — G
Waterin de Leustanges. — Ottinat de Tichiecort. — Ruecelin
de Henaucort. — Thieriat lo maceon de Tinkerei. — Stevenin
et Jaquemin de Saint Martin. — Godefroi de Trognuel. — Hallin   H
de Montcornet. — Gerart lo Borguignon. — Simonin Chollat et son ·
fil. — Rossin et Jennin son frere. — Stevenin d'Autinei. — Ansillon
son frere. — Martin d'Oisei et son fil. — Pieres de Vele d'Espi-   I
nalz. — Jaquemin de Gorze. — Reinbaut de Sanrei. — Robin
de Saunei. — Thieriat et Sigart et Ottin sui frere de Noescevile.
— Ansel de Heimestor. — Thieriat et Bertremin de Noescevile.   J
— Watier de Tannei. — Thieriat lo conte de Cerlei. — Daniel
de Broheim. — Jaquemin d'Awignei et Huin Bokan. — Lowion
de Tannei et Thierions de Momestor. — Uguignon de Cillers. — K
Godefrin Maleprune d'Ars. — Jennins lo fil lo Prestre de Leubei.
— Bertremin d'Ars. — Reinekins. — Richiers d'Arei. — Willame
de Waldriske. — Isenbart de Tramerei et sui dui frere. — Reiniers   L
Soscors. — Bitier de Biaumont. — Acelin de Dornant. — Weriat
de Ranguevile et son fil.

q. En l'an ke li miliares corroit par M et CC et XLII ans.

Jennin de Roserueles. — Herbillon de Conflans. — Robin de   M

A Blanvile. — Matheu Voisin de Lukeneisi. — Thieriat lo Bague de Lukeneisi. — Aubert Foace et sui troi fil. — Dame Guete. — Garsires de Marclive. — Martin de Marclive. — Nicloudin de
B Lukeneisi. — Frideri de Mollenberc. — Jennins d'Oisei. — Thieriat de Tinkerei. — Stevenin li Wagne de Valieres. — Johan de Xouces. — Gerardins de Marclive. — Matheu de Marclive.
C — Martin de Marclive. — Thierion Champion de Lukeneisi. — Ulri lo fevre de Thickestor. — Willebrest d'Aixe. — Thiebaut de Nancei. — Richart de Nowillei. — Martin d'Ancei. — Godes-
D chals de Richermont. — Weriat de Vigei. — Gerardin Manegout. — Poincin de Condei. — Simon d'Aidanges. — Jaquemin de Ham et Odin son frere. — Jennat de Gorze. — Lowiat d'Aube.
E — Saintins de Dugnei. — Willemins de Bomont. — Forkignons de Vandieres. — Arnolt de Commarcei. — Piericeon de Dextrei. Bertran de Billanges. — Martin d'Oisei. — Soibers li maires de
F Buevanges. — Hanrikel de Champillons. — Reinier d'Erlon. — Pieres d'Erlon. — Hanri d'Erlon. — Costan de Wasoncort. — Coinrart de Boienvile. — Li troi frere de Hergnei de Saint
G Julien. — Soffrignon de Juef. — Huignon d'Olées. — Roris d'Inguevilers. — Gerardin d'Ars. — Gerart de Bievres. — Simonin Navel de Spenil. — Johan de Domangevile. — Perras de Leubei
H et Heimart de Fleinvile. — Weriat de Ciei. — Lowion de Mance. — Jaquemin de Saint Martin. — Colin de Longevile. — Huin de Valieres. — Martin de Rupignei. — Jennin de Rupignei. —
I Ansel son pere. — Jennin de Desmes. — Ansillon de Lorei delez Monceons. — Godefroi de Saint Avor. — Alardin lo fevre de Briei. — Thierion d'Eukanges. — Cunins et Warinas de Saint Evre.

II

Original. — Rouleau de parchemin formé de cinq pièces cousues bout à bout. — Bibliothèque Nationale; Nouvelles acquisitions françaises 6731, pièces N°ˢ 31. 31A, 31B, 31C, 31D.

Tuit cist qui ci desous sont nommeit et escrit en cest parchemin sont receut por manant de Mes et ont fait fauteit a la ville et ont faict a la ville ceu k'il durent por lor fauteit. Ce fut fait l'an de graice Nostre Signor M et CC et IIII[xx] et VI ans.

A q Jeinas de Saussures li merciers.

Robins li filz Alixandre d'Onville.

B Hainekins li Alemans de Leunebart.

Badowins Hunguerie.

Jaikemins Malchacies et Renaudins ses freires.

C Watrins li fevieres li freires Goidelo.

Adans li clers de Baixey.

D Burtremins de Manweit li arceneires.

Jehans de Verdun li maris Mahout de Verdun.

Thierias et Hanrias ses freires des Roches.

Burtrans de Brehaim (1) li tanneires ki maint an la vigne S. Avol.

F Gobles de la rue des Alemans li maris Ysabel de Vignueles

q Richairs de Fait.   G

Maistres Thieris li taillieres de Fonteniers qui maint Outre Saille.

Nikelins li fromegiers.   H

Hanris li arceneires dou Champel (2) li nies Roli[n].

Aurars de Hombourc.

Maistres Adans li terrillons ki demoret Outre Saille.   I

q Hemmonins li freires Maistre Abrit chanone de Mes de Mirabel.

Cunins li Abijois li valas Maistre Piere de S. Marcel.   J

Vevien de Tol li janres Jofroit lo bolangeir ke fut de Tol.   K

Antone li fis Jehan Clemant de Lusanborc.

Nicole li barbieirs de Chanbres.   L

Jehans la canbal li covresiers dou Pont a Monsons.

(1) M(etzer) B(annrollen). 1281. 199. « Berterans li taineires de Brehen de la vigne S. Avol ».

(2) M. B. 1281. 278. « la mason Hanrit l'arcenor de Buedanges... ou Champel »

A Domangins de Herney ki maint
  an la rue des Alemans.
  Stevo li maris Clarice (1).
  Richairs Vazons de Davitfosse
B et Jehans ses freires.
  Adins li charboniers de Cha-
  vrierrue (2).
  Halewis li vignieres de l'Ospital
C des Alemans.
  Hanrias li bolangiers d'Anser-
  ville de la rue des Alemans.
  Coinses de Holdanges li tan-
D neires de Chaponrue (3).
  Colignons de S. Thiebaut li
  meutiers.
  Abris de la rue des Alemans ke
E   getet lou bleif de Mairney.
  Abertins li tanneires de Cha-
  ponrue li filz Mainfroit d'A-
  langes (4).
F Houdebrans de Chaponrue li
  tanneires.
  Jeinas de Corcelles li corriers
  de Sanerie (5).
G Jaikelo de Stoxey li maris la
  femme Gillebert ke fut.
  Abris de Taixey ki maint ou
  Champel.
H Burtremins de Mons ki demo-
  ret an la rue des Alemans.
  Alixandres li parmantiers de
  Putelanges.
  Ysambairs de Comes li par-

Simons li fis Thiehairt Davi- I
  fouse.
Gerairs de Leunebart.
Semonins de Rut deleis Moive-
  ron.   J
Richairs de Fais solvit.
Gilebers dou Champelz li arce-
  neires.
Stevenas li clers de Deimes.   K
Hainchelo li muniers de Juz.
Jenins li Alemans li vieciers de
  Breides.
Renalz de la rue a Poncel li stu- L
  veires.
Odiliate li fille Ysambart de
  Juxey.
Andreus de Benées li tanneires. M
Girairs d'Aix ki maint a la Rive.
Howignons Miradelz de S.
  Martin.
Pieressons Petres li cordowe- N
  niers de Chapelierue.
Bernewis li texerans li freires
  Guerbode ki maint an Chape-
  lierue (6).   O
Watrins li filz Florate la fille
  lou Genre d'Espinalz ki fut.
Hermans li filz Goble le viez
  prevost de Thionville   P
Bernewis li arceneires,

q Jacob d'Airey li genres Richier ki fut, fit fauteit a la

(1) M. B. 1298, 257. «... Stevol lou mairit Clairisse ».
(2) M. B. 1281, 438. « Adins li charboniers ».
(3) M. B. 1281, 463. « Coinces li taineres de Chaponruwe ».
(4) M. B. 1298, 477. « Abertins d'Alanges, ke maint en Chaponrue ».
(5) M. B. 1269, 341. « Jennas li corrierz de Corcellez, ki maint en Sau-
nerie ».
(6) M. B. 1279, 44. « Bernowis, li freires Guerebode ».

A   mantiers ki maint daier S. Eukaire.

W airniers li tanneires do Champel de Ville sus Yron (1).

B   Jehans li arceneires de Chaponrue de Halegrange.

Girairs Miate dou Champel.

Jaikemins dou Pont a Monsons

C   li corriers de Sanerie.

Coinses li charpantiers li ruiers de Buenestorf.

Girardins li Alemans de Cha-

D   vrierrue.

Willames de Jous li genres Jehan de Xous.

Domangins de Lekenezi li cor-

E   riers de Sanerie (2).

Jeinas Drudelz de Lekenezi (3).

Symonas li drapiers de Chacey, qui maint an la rue des Ale-

F   mans.

Abertins li Alemans de Tehicort ki maint ou Waide.

Jaikemins de Gorze li fils Jehan

G   de Gorze, dou Champel (4).

Gobers de Nancey, ki maint ancoste Watremant (5).

Maistres Coinces de Chambres li couteliers.

ville l'an ke li miliaires corroit par M.CC.IIIXX et VII ans.   H

q Jenas li genres la Chappe de Briey fist fauteit à la ville de Mes l'an M.CC.IIIXX et VI.   I

q Poincignons li maires de Vesons (6).   J

q Poincignons de Sainte Rafine (7) est manant de Mes et ait fait ceu k'il dut a la ville com manans et est fils Troixin de Sainte Rafine.   K

q Philippins li Lombars vint por estre manans de Mes l'an ke li miliaires corroit par M.CC.IIIXX et VII ans, li queilz Philippins est freires Perrin lou Lombart ki ait l'avelete signor Matheu de Chambres qui fut (8).   L M

q Colignons de Chaminet li genres Hanriat de Suligni.   N

q Jaikemins li fil Vivion de Hameiville ki fut M.CC.VII et VII ans (sic).

---

(1) M. B. 1298, 514 *. « Sus lai maxon Wernier lou tennour dou Champel ».

(2) M. B. 1290, 315. « Domangins de Lucunexit li corriers, ke maint en Sanerie ».

(3) M. B. 1281, 423. « Jennas de Lukeunesey ». M. B. 1285, 44 et 1290, 439 *.

(4) M. B. 1288, 165. « Jaikemins, li filz Jennin de Gorze ».

(5) M. B. 1279, 219 et 1279, 341. « Goubers de Nancey ».

(6) M. B. 1298, 113. « a Poincignon, lou vies maior de Vesons ».

(7) M. B. 1275, 103. « Poinsignons li fis Troixin de Sainte Rafine ».

(8) M. B. 1288, 458. « Perrins li lombairs, li janres dame Poinse, lai fille signour Matheu de Chambres ki fut ».

(PIÈCE N° 31 A)

A Richairs de Porte Serpenoize qui vant lou pain.

Lowias Brochas de Flocort li bolangiers de Porte Serpe-
B noize.

Garsirias li mutiers de la Rive (1).

Andreus de Chaponrue li valas Burtelo lou bolangier (2).

C Lowias de Rodehaim li (*sic*).

Jaikemin de Rodehaim.

Abertins d'Alanges de Cha-ponrue li taillieres li peires
D Ferrit.

Hanelo de Sezanges li cordo-weniers de Rinport.

Jeinas de Donbaile ki demoret
E devant Sainte Glossanne.

Eurrias de S. Nicolais ki de-moret a Porte Serpenoise.

Felippins li louas de Porte Ser-
F penoise li marchans.

Pieresons de Gerncy li bolan-giers, ki demoret à Porte Serpenoise (3).

G Jehans li meutiers de Givigney de Porte Serpenoise.

Weirias Puteveve li feivres de Porte Serpenoise.

q Guios Peiz d'oie de Pariz,   H

q Colignons li freires Conrart de Lucelborc, ki fut gar-sons Rainnillon lou Bague. I

q Helewis d'Airancey li teliere ke demore a Verdun.

q Jehans Hustins de Donche-   J rey.

q Badowins d'Alaincort.

q Deudeneiz de Mardeney (4).   K

q Hennelo Mannegout ki maint a Longeville deleis S. Mar-tin a la Glandicre, li gen-res Bertelo de S. Avo ki L fut.

q Burtrans con dist li moinnes de Chaalons (5).   M

q Symonins li fil Boenvalat de Mardeney ki fut et Chardas de Mardeney li filz Blo-wat (6).   N

q Colinas li fil Grandeu de Mar-deney.

---

(1) M. B. 1293, 192. « Jehan lou tonnelier lou fil Guerceriat lou meuteir ».

(2) M. B. 1281, 376. « encoste la vigne Bertelo lo bolangeir ».

(3) M. B. 1288, 207. « Pieresons de Gernei li boulangiers p. b. sus lai merchasie ke siet daier son osteit meymes k'il ait a Porte Serpenoize ».

(4) M. B. 1245, 44. « Aubrions, li filz Deudonei de Mardinei ».

(5) M. B. 1288, 458. « Bertrans li moinnes de Chalons ».

(6) M. B. 1298, 527²⁷. « sus lai vigne an lai voie de Jaze deleis Blowel de Merdeney ».

PERRIN.   6

A Weiris li nevous le Borgon, ki maint a Chaponrue.

Maistre Esteines de Sapignicort, ki demoret an la vigne S. Marcel.

B Thierias li meutiers li celleriers ki demoret a Porte Serpenoise.

C Godefrins li Alemans li vieciers, ki demoret an la rue S. Gigout (1).

Maistres Symons li pelletiers de Toul.

D Nikelo li arceneires de Wieze (2).

Colas li meutiers Buxey, ki demoret a Porte Serpenoise (3).

E Abrions li feivres dou Pont des Mors (4).

Cunins de Periu (5).

Matheus li drapiers d'Abocort de Visignuelz.

F Buevelas li borgnes dé Fraine.

Pieras de Pontois li bolangiers d'anson Viez Boucherie.

G Abertins li Diaules de Stoxey et Girairs li borce de Secors.

Watreins Gremoz li corriers de Sancrie (6).

q Howins li feivres de Racort (7). H

Bursons de -III- Fontainnes li nevous Poincignon Lolier.

Burtremins li filz Tehicort d'Ancerville. I

Hanris li wantiers con dist Thoirezin de S. Tronc.

Girardins de Fait li filz Abertin le borgne ki fut. J

q Ottenas de Puxuez li filz lou Convers qui fut (8). K

q Howignons Graiceoie de Maigney (9).

Domanges de Maigney li freires Howignon Graiceoie (10). L

Ernalz de Maigney li freires Howignon Graiceoie.

Colins Gaielas de Malleroit. M

Willames de S. Mihier.

q Symonins de Verdun ki demoret a Pont. N

Conte Roffroit et Rainniers ses freires de Sainne la Vielle devinrent manant et

---

(1) M. B. 1277, 180. « Goudefrins li Allemans li vieceirs ».

(2) M. B. 1275, 227. « sus la maison ke fut Niclo l'arcenor ke siet en Chappourue ».

(3) M. B. 1275, 220 et 1275, 388. « Collas li meutiers (?) »

(4) M. B. 1290, 129. « une maison... ke siet ontre lou pont des Mors ancoste Abrion lou feivre ».

(5) M. B. 1298, 260.

(6) M. B. 1293, 246. « Waterins Gremolz li corriers de Sanerie ».

(7) M. B. 1288, 423. « Howins li feivres de Racort ».

(8) M. B. 1245, 148 et 1245, 172.

(9) M. B. 1290, 79.

(10) M. B. 1298, 535ᵘ. « Domange lou freire Graisoie de Maigney ».

A Josselins li bolangiers de Loveney de Saint Arnout[1].

Tierions de Lucelburc, ki maint
an Chapelierue li arcenei-
B res [2].

Formeis li Alemans de Chapelierue.

Stevenins li vieciers d'Espi-
C nalz, ki demoret an Chambres.

Jeinas li charriers dou Pont des
Mors.

Eurris li bolangiers d'Angle-
D mur li serorges Warin la
Haie.

Burtrans li chapeliers de Chapelierue [3].

E Hainchelo de Mairley ki demoret
an Chapelicrruc li arceneires.

Domangins li bolangiers li serorges Chasce.

F Hennelo li maires de Beonville.

Waterins Bigoide de Sane-
rie [4].

G Uguignons li charpantiers d'A-
bes de la rue S. Vi [5].

Abertins li massons de Dommartin.

H Girardins li Bagues de Maigney [6].

borjois de Mes trois jours I
devant la feste S. Vincent
ou mois de janvier l'an ke
li miliaires corroit par M et
CC et IIII^{xx} et VIII ans. J

q Poinceles de Pylons et Her-
senons sai femme.

q Abertins de Fait li filz Col- K
lart de la cort ki fut.

Girairs et Soibelins les dous
anfans Symonins Miate de
Herney. L

Symons li valas lou princier.

Jaikemins li niez Odin l'espicier.

Wateras de Malaincort.

Watrins et Thielemans li dui M
freire Hermant de Metri.

Howelo li bochiers de la porte
de Lucelborc.

Jehans li freires Maistre Jaike N
lou Lombart.

Hennekins Vruzeim li valas le
prevost Willame.

Wasselz li chadeliers de Lucel- O
borc et Jaikemins et Petre
seu dui freire.

Colignons Gaielat li freires
Burtran le clerc de Malle- P
roit [7].

---

(1) M. B. 1285, 231. « Josselin lou boulangier ».

(2) M. B. 1279, 422. « Theirions li arceneires de Chapeleirue ».

(3) M. B. 1288, 471 ª. « une maxon ke siet en Chaipeleirue.. ou Burtrans li Chaipeliers maint ».

(4) M. B. 1298, 267. « sus lai maxon.. ke siet a Porsaillis antre lai maxon Waterin Bigode et lai maxon Colignon Petitvake ».

(5) M. B. 1298, 320. « Uguignon lou cherpantier de la rue S. Vy ».

(6) M. B. 1285, 356 et 1290, 140.

(7) M. B. 1281, 409. « Burteran Gaielas li clars ». — M. B. 1298, 33.
« Burtrans Gaielas li clers ».

A Howins de Prenoy li charretons [1]

q Odins et Symonins et Jaikemins li anfant Jaikemin
l'espicier qui fut demo-
rant a Pont a Monsons G

B Colignons li hanviers li stuvei-
res li maris Marion.

q Pieros li esculiers de Marville fist fauteit a la ville
de Mes lou diemange de-
vant la Chandelor an l'an
ke li miliaires corroit par
M et CC et IIII^{xx} et VIIII
ans ; li sires Jehans Bataille
ki adonc estoit Trezes prist
la fauteit. H ... I

C Howins li filz Poincin d'Anglemur

(PIÈCE Nº 31 B)

D li charretons.
Wias li boulangiers li serorges
Ricuin lou boulangier.
Colins Veve de Buef li feivres

E d'Outre Moselle.
Ticcelas Maillas li chavriers de
Haboenville, ke demoret an
Chambres [2].

F Ruedo li tripiers de Porte Moselle [3].
Thieris li hanviers, li merciers
et li chandeliers.
Warnesons li Bagues li charboniers [4].
Jehans li cossons li maris Osen-
nate.

q Martins de la Tor en Weivre
li filz Thomas et Lambers
ses primiers niez, li filz
Roillin l'escrivain. J

q Stevenins li filz Arembour
de Virey [5]. K

q Howins de Gorze li genres
Perrin Noize [6] fist fautei a
la ville com manans et com
borjois de Mes por Alixon
sa femme la fille Perrin
Noize ki est de la naitei de
Mes lou lundi devant feste
Saint Climant en yver kant L ... M

(1) M. B. 1281, 246. « Houwins de Prenoi li cherretons ».
(2) M. B. 1279, 176. « Thiecelas li chavreis de Chambres ».
(3) M. B. 1279, 200. « Ruedolz li tripiers p. b. sus une maison .... ke
siet an Bucherie a Porte Muzelle » et M. B. 1279, 398ª .
(4) M. B. 1269, 142. « Warnessons li Besgues p. b. sus une maison en
Ainglemur ».
(5) M. B. 1290, 314.
(6) M. B. 1251, 117.

A Arnous de Hairgarde li valas
      Jaikemin Marchandel ki fut.
   Colins li toneliers li filz Werne-
      son de Lupey.
B Pieresons Pingort de Bruville.
   Jaikemins de Sinterey.
   Domangins li mutiers de la
      Creux (1).
C Renadins li mutiers de la Creux.
   Colignons li Oliers de Secors li
      nies Girardin l'Olier d'an-
      coste S. Martin.
D Symonins Soderost de Staixon
      li corvixiers.
   Abertins de Pairgney li cordo-
      weniers de Staixon, li freires
E   le Prestre de S. Pol (2).
   Jehan de Lowon ki fait les es-
      pées.
   Symonins Mancillons li mu-
F   tiers.
   Ansillons li maires de Soignes
      dou Champel.
   Abrias Malcors de la vigne
G   S. Avol li taineires.
   Hermans li filz Jaikemin Bource
      de Lupey.
   Mangins li filz Burson de Lupey.
H Lorans de Lasses li furbeires
      de Frenierue.
   Wernesons li filz Jaikemat d'A-
      lainmont li corriers.

li miliaires corroit par M et I
   CC et IIII ˣˣ et X ans.
En la maniere desordite sont
   tuit cist manant et ont fait fauteit.   J
q Manant receut par M. CC. IIIIˣˣ
   et X ans.
Niclaus de Dantenges li freires
   Lowion Gonchelin.   K

q Symonins Copechasse de
   Monehaim ki stat à Thionville.   L
q Maistres Jaikes d'Ames li
   sires de lois manans et
   fait fauteit à la ville.
q Vivions Chavolz dis de Lasses M
   ki fut neis de Chainoit.

q Lowis de Lucemborc li
   genres Maistre Otte lou N
   taillor lou signor d'Aix.

q Hanris d'Estarnay.

q Girairs li filz Mathelie et O
   Domangins ses freires de
   Sanbaing (3).

q Ancelz li filz dame Guertrut
   de Chicort.   P
Ottins Moras d'Awigney (4).
Badowins li parmantiers et Willames ses freires (5).

____

(1) M. B. 1251, 172. « sor IIII. s. de cens ke N. avoit sor la maison Dommangin le mutier ».

(2) M. B.1285, 339. « Aburtins Hartous li cordeweniers de Staixons ».

(3) M B. 1293, 470. « Gerairs li filz Maithelie de Sambaing »; 1298, 417 et 1298, 434.

(4) M. B. 1288, 469 et 1298, 238³⁰. « Othins d'Awigney ».

(5) M. B. 1290, 356. « Willames li freires Badewin lou parmantier et Thielemans ces freires ».

A Maistres Jaikes li Picairs li ton-
   deires.

Watrins li charpantiers li filz
   Ysembairt de Remilley (1).

B Robins d'Onville (2).

Jeinas Moras li meutiers (3).

Jaikemins Pichoz li bolangiers
   dou Pont a Moselle.

C Hanelo de la Nueve rue li bolangiers.

Jeinas li filz Domangin de Chailley li nies Jeinat de Corcelles.

D Mariate de Corcelles li suers
   Jeinat de Corcelles, ke maint
   an Saneric.

Richars li bolangiers de Par-
E   fontrut deleis Buxey.

Girardins d'Airiance li corvixiers.

Jehans li arceneires li freires
F   Formeit, ki maint an S. Martinrue.

Richairs de Bertranmeix.

Jeinas de Doncort li tanneires
G   de la vigne S. Marcel.

Rainnillons dou Sairt de Fran-
   conrue.

Conrairs d'Aix li compans Gi-
   rart de la Rive.

Hermans de Noweroit li tan- H
   neires de Saint Vincent-
   rue (4).

Maistres Nemmeris li charpantiers (5).   I

Perrins de Waixcy.

Thierions de Mainilz li tanneires et Thomassins ses niez.

q Jehans Gerney li muniers (6). J
   Alixandres de Vigney li charpantiers.

Waterelz con dist li coessins K
   de Chambres li genres Mos-
   telate (7).

q Jaikemins Xaideagasse li
   charboniers li serorges Jei- L
   nat Wateron de Sanerie (8).

q Hanris con dist de Monehaim
   li prevos lou signor de Ro- M
   demacre.

q Piions li filz Robert Bertran
   d'Ast ait fait fauteit a la ville
   et se ne puet presteir il ne N
   autre por lui an Mes.

q Leukairs ki vant lou mar-
   rien (9) a la Porte des Alle-

---

(1) M. B. 1281, 589. « Waterins de Remilley li cherpentiers ».

(2) M. B. 1278, 585. « Goudefrins li fils Robin d'Onville ».

(3) M. B. 1278, 468. « Jennat lou fil Morat » ; 1279, 42 « Jennas Moras ».

(4) M. B. 1298, 349. « Hermans li taneres de Noweroit ».

(5) M. B. 1278, 163, 356.

(6) M. B. 1290, 99, 543.

(7) M. B. 1288, 69. « sus lai maxon.. ke fut Waterel lou cowesin ». —
1288, 178³.

(8) M. B. 1293, 388. « ancoste lai maxon Jaikemin Xadaigaisse lou cher-
bonier ».

(9) M. B. 1293, 465.

A Bernairs ki maint devant l'os-
   tel dame Lorate Chabosse
   k'afaite les vins.

B Watrins li tonneliers li filz
   Conrairt de Bousanges.
   Ferrias de Belrains li tanneires.

C Tomassins d'Elanges li bolangiers de la vigne S. Marcel.
   Jehans Choile de Noeroit li
   feivres d'Outre Moselle.

H mans et Symonins Chatins
   ses maris.
q Guerairs de Denanges li ar-
   ceneires de Dairangerue.
I Urrias de Tinkerey ki maint en
   Maizelles [4].
   Jeinas de Besseicort.
   Jeinas de Flocort li taillieres.
J Burtrans li Borgons.
   Ansillons li genres Pellerin de
   la rue des Allemans.
   Jehans de Sanbaing.

(PIÈCE N° 31 C).

D Mateus li bolangiers d'Outre
   Moselle d'Alanges.
   Hanris li charretons d'Angle-
   mur [1].
E Goidelo li bouchiers dou Pont
   Renmont et Hanris ses com-
   pans de Katenain [2].
   Hannelo Tanat li tanneires de
   Habondanges.
F Loransins li cordoweniers de la
   rue le Voei de Viez Ville de-
   leis Hadonchastel [3].
G Roillons Mailley d'Amez ki
   maint a Porte Moselle li ma-
   ris Mariate Maille.
   Jehans li cruxiez li tanneires de

K Arnous de Trievres li cordo-
   weniers.
   Howins li bochiers.
   Hennelo li tanneires de Katan-
   ges.
L Hanris li cordoweniers de Ro-
   wes ki fut neis de Datan-
   ges.
M Lorans de Pairgney li genres
   Symonat de Maizelles.
   Jehans li Gronais de Fraimerey
   li nevos Burtoul [5].
N Girardas li filz Adan Breiche
   de Xeuocort.
   Renalz li filz Gillebert de Ven-
   nemont.

(1) M. B. 1290, 555.

(2) M. B. 1281, 183. « Goidelo li boucheirs dou Pont Renmont et Hanris, ces conpans ».

(3) M. B. 1277, 139. « une maison... ke siet arreis l'osteil Lorancin lou
corduenier ».

(4) M. B. 1298, 74. « Eurrias de Tinkerey de lai vigne S. Avol ».

(5) M. B. 1290, 389. « Jehans li Gornais, li nies Burtoul ».

A Wergaville ki demoret an Chaponrue.

Henne li vallas Jehan Maillate de Riseborc (1).

B Anselz li Vadois li freires Lowiat.

Richairs li serorges Weiriat de Goens lou bolangier.

C Perrins de Montigney li filz Richart ki fut (2).

q Becelins li filz Huart de Vigei.

D Auroins de Landanges de for de clostre et Symelo ses compans de Landanges.

Uguenins li couteliers dou Nuefchastel.

E Tomassins Sigairs li arceneires dou Champel.

Weirias de Bu et Jehans ses freires.

F Domangins Griselz de la Rive d'Anglemur (3).

Burtelo li bolangiers de Chaponrue.

G Jenas Bakel de Maigney li bolangiers ke demoret davant l'osteil S. Laidre.

Brokairs li covresiers li filz Abrit de Sanrey. H

Besselins li marchans li filz Ancel Lalemant de Freicort.

Domanges de la Chenalz. I

Drowins ki fut valas Henneborget.

Thierias Burtelo de Hulo li freires Morisat (4). J

Girardins de Badrecort li corvixiers (5).

Ysambairs Xobairs de la vigne S. Avol (6).

Ferris de Cullandac. K

Hanris li feivres et Richairs ses serorges de Maizelles.

Griiolas li bollangiers.

Ferrias Keutelawe. L

Jaikes de Waigney li tripiers.

Watrins li bollangiers li genres Burtemeu Blanchairt.

Willames li bollangiers de Maclive ki maint en Maizelles (7). M

Morisas de Hulo li freires Thieriat Burtelo (8).

Badowins Chapalz li bollangiers de Maiselles (9). N

Badowins li bollangiers con dist Chapalz de Maizelles (9).

(1) Sur Jehan Maillate voir : M. B. 1288, 201; 1293, 189; 1293, 245.

(2) M. B. 1298, 465. « Perrins li filz Richairt de Montigney ».

(3) M. B. 1290, 244. « une maison... k'il ait aquasteil a Domangin Grixel ».

(4) M. B. 1288, 59 b; 1288, 433a; 1288, 493.

(5) M. B. 1288, 437.

(6) M. B. 1278, 578 ; 1279, 241. « Ysambairs Xobairs p. b. sus une maison en la vigne S. Avol »; 1290, 190.

(7) M. B. 1290, 355; 1290, 187 a.

(8) Sur Morisas de Hulo, voir : M. B. 1269, 490; 1281, 5; 1288, 433a; 1288, 455; 1288, 493.

(9) M. B. 1288, 73. « ancoste l'osteit Badewin Chaipal lou boulangier »

A Chazée dou Champ a Saille.
Willames li bolangiers li ons le
  Temple.
Jeinas li bolangiers de Fronti-
B gney.
Wiris li clers et Hermans ses
  freires de Tehicort.
Gillekins li filz Werneson le
C taillour de Lonwit.
Howins de Prais li boistouz (1).
Waterelz li freires Becelin lou
  cordowenier des Bordes.
D Ansillons d'Abes li bouchiers.
Girairs d'Abes li bolangiers.
Colinas de Racort li bolangiers
  ki maint an la rue le Voeit.
E Watrins de Limoncort.
Tierias Guillelz de Briey li
  covresiers.
Watrins li Haiches de Cham-
F bres (2).
. Symelo li bochiers de Porte
  Moselle.
Girardins li feivres dou Champ
G a Saille.
Siverelz li feivres de Landanges.
Aurowins Wicelz de Stoxey.
Odins li armoiersdeFrenierue(3).
H Tierias li tonneliers de Sivrey.
Frankignons li pairiieres de
  Noeroit.

Hennelo Venne li arceneires de I
  Rimport.

q Burtelo Bruée de la cort
  Saint Martin a la Glandiere. J

q Andreus de Hampont.
q Durans li bollangiers de S.
  Martinrue (4). K

q Jaikemenelz de Saint Vincent
  et
q Jehans li keus de S. Vin- L
  cent (5).
Boullangart li boulangiers de la
  Nueve rue.
Senedaire li corretiers. M
Jaikemins ki fut valas Poince
  lou Gronais.
Domangins de S. Vincent (6).
Arnous de Malaincort (7). N
Willames li frutiers de Pair-
  gney.
Pieresons de Graiz.
q Howelas li bollangiers de O
  Chievremont.
q Ysambairs li secliers de Lay.
Poincerons de Verdun li femme
  Jaikemin. P
Godairt et Jehans ses filz.

---

(1) M. B. 1288, 372. « a Jaikemate et a Stevenin son freire les enfans
Howin de Preis ».

(2) M. B. 1269, 371; 1293, 173; 1293, 105.

(3) M. B. 1285, 429. « Oedins li armoiers de Freneruc p. b. sus la
maison... ke siet an Frenerue ».

4) M. B. 1298, 238 17.

(5) M. B. 1293, 627. « Jehans, li keus de Saint Vincent ».

(6) M. B. 1277, 162.

(7) M. B. 1285, 155. « Jehans, li filz Arnout de Malencourt ».

A Domangins de Monchuez ki demoret Oulre Saille.

Jehans de Donpiere de la rue
des Alemans.

B Eurairs li couteliers de daier
S. Girgone de Sarebourc.

Girardelz dou cors li bolangiers (1).

C Wirions de Witonville li maris
Katherine ki maint an la
Nueve rue (2).

Girardins Bernaige de Deismes.

D Rikelo li wasteliers dou Pont a
Moselle.

Stevenins li Alemans li chaponiers.

E Hanrias de Pairgney de la vigne
S. Avol.

Jehans et Aburtins li anfans
Thielo delai Musto ki est

F freires Roilli.

Thiehei dou Pont a Monsons
li drapiers.

Jacob de Alezenges deleiz Bo-

G zonville.

Hanris Govions li taillieres de
Putelanges et (3)

Hanris de Morehanges li freires

H le Prestre de S. Jaike et Ancelz ses filz.

Abertins de Raimbervilleir li I
corretiers (4).

Robins Blanmoxons de Heu.

Godefrois de Mainilz deleis Lu- J
cey.

Gublekins li filz Ancel de Lucemborc.

Pieres Julien de Montpellier. K

Aurowins d'Aiest li permantiers (5).

Girardins Abeville. L

Colins Glassons li tanneires.

Sallebrans li garsons Jeinat M
Chermat.

Watrins de Chaalons.

Jehans d'Onville li feivres N
d'Outre Muselle (6).

Thomas li rowiers li genres
Lorate et Arnoulz li feivres
d'Outre Muselle. O

Willames de Trievres li genres
Guizebret Howexelt.

Jehans de Trievres li genres Lo- P
dewit.

---

(1) M. B. 1298, 242ᵇ. « sus lai maxon ke fut Gererdel lou boulangier ».

(2) M. B. 1298, 507. « Wirions de Wittonville li vieseirs de lai Nueue Ruwe ».

(3) Après *et* le parchemin a été gratté pour faire disparaître une mention. Sur « Hanris Govions li taillieres » voir M. B. 1285, 366.

(4) M. B. 1288, 44. « lai maxon... ke siet an Chaiureirue ancoste l'osteit Abertin lou corretier ».

(5) M. B. 1275, 274. « Aurowins li parmantiers ».

(6) M. B. 1293, 133.

(PIÈCE N° 31 D)

A Lambelas li chaponiers (1).
   Thieles li bochiers dou Pont
      Renmont.
   Chardas et Herbos ses genres
      de Viez Bocherie.

   Colars de la Creux sus Mueze. H
   Weirion de Condeit en Barroit.
   Jaikemins de Sirkes li manes-
      treis de vielle ke fut a duc
      Ferrit.

B Odins li espiciers (2) et Clemans ses niez.
   Adenas de Foville.
   Reuris dou Champel et Abertins ses freires.
   Ysambairs li marchans de place en Rimport.
C Ferris li escuiers signor Rigaut (3).
   Jeinas Xerdas de Maclive et Howignons et Symonas seu. II.
      freire et Domanges lor garson de Prunoy.
   Jaikemins de Vigney.
D Colins li fromegiers d'Airancey.
   Symonas li potiers de Varannes.
   Jehans Mospiez de Dairangerue.
   Androwas Sallemons et Climignons de Maigney li serorges
E   Duran de S. Martinrue.
   Lambelas li barbiers desus lou Pont a Saille.
   Wesselins Serjans li permantiers (4).
   Petres Suenke li follons.
F Willames li arceneires.
   Garcirions de Stoxey li niez Adan d'Annerey (5).
   Abertins li tenneires de Taisey.
   Jeinas li filz Thomassin de Lucey.
G Godefrois d'Estarnay li serorges Colin ki fut valas Rainnillon le
      Bague.
   Abers li freires Badowin lou tannor de Lucey.

(1) M. B. 1288, 203.
(2) M. B, 1290, 411. « Odins li espiciers de Furneirue et Clemans ces
nevous p. b. sus lai maxon... ke siet an Furneirue... ».
(3) M. B. 1298, 2.
(4) M. B. 1269, 136. « Wasselins Serjans li parmantiers p. b. suz une
maison ki fut Maheu le frutier » ; et 1293, 474.
(5) M. B. 1288, 314. « Guercirions d'Anerey, ke maint en Stoxey ». --
et 1288, 345.

A Maistres Giles li cordoweniers de Tornay.
   Lowias li charpantiers li filz Buevelat d'Abes (1).
   Lukas Pain de Mes (2).
   Godefrins Choible de Staison li cordoweniers.
B Matheus li chadeliers de Lucemborc et ses filz.
   Poirelz Foisse li corretiers.
   Hanrias li fromegiers con dist d'Ars (3).
   Jehans Cape de S. Martin a la Glandiere.
C Watrins li cordoweniers dou Champ a Saille li maris la femme
     Gontier.
   Girairs Katerne li bollangiers de Porte Serpenoise (4).
   Jeinins li filz Pierelin de Mairueles ki ait la fille le Prevostel de
D   daier S. Alaire.
   Badowins li rowiers ki maint devant l'osteil Chaureson.
   Arnous Ferremoxe li feivres ki maint en Stoxey li genres Perrin
     Beliart.
E Abertins li merciers li filz Jeinat lou mercier dou Pont a Mon-
    sons.
   Symonas li charpantiers de l'ospital (5).
   Thielemans li charpantiers li Allemans.
F Alardins de Noweroit.
   Willames de Fraines li charpantiers.
   Thiecelins de Malacort li garson Jaikemin Bellegrée.
   Bertremins li Vadois li chaponiers (6).
G Renadins li filz Domangin de Semicort ki fut.
   Lowias li Waignemaille des Roches ki fut valas signor Philippe
    Faxin.
   Rembalz li corvixiers ki maint Outre Moselle.
H Colins li railliez d'Espinalz.
   Thiedris li freires Manegot de Longeville.

---

(1) M. B. 1290, 459. « Lowias li cherpantiers d'Aubes p. b. sus lai maxon et sus lai grainge daier … ».

(2) M. B. 1290, 419 et 1298, 475.

(3) M. B. 1293, 374. « Hanrias d'Airs li fromegiers, ke maint a Pont des Mors ».

(4) M. B. 1288, 263. « Gerars Katerne li bollengiers p. b. sus une maison ke siet an la rue de Porte Serpenoize ».

(5) M. B. 1290, 254.

(6) M. B. 1278, 73. « Burtemins li Vadois li chaponiers p. b. sus la maisson Garscrion lou Gossat ».

A Ansillons li charpantiers de daier S. Alaire.
Willames li valas Colin lou grant.
Cherdas li maris Saire.
Howins li charpantiers de Hate Sanerie (1).
B Willames de Saint Telier.
Georges de Kiers d'Ast lumbars ait fait a la ville ceu k'il dut.
Stevignons li filz Donat dou Pont ait fait a la ville ceu k'il dut.
Girardins li Tarte de Nancey ki fait les bendes des sallines ait fait
C   a la ville ceu k'il dut.
Thierias li filz Stevignon de Ruet ait fait a la ville ce k'il dut.
Thobis de Macres li valas Poincignon de Metri qui fut; il ait fait
    a la ville ceu k'il dut.
D Thierias Murlins de Bacort (2).
Millekins de Welz ait fait a la ville ceu k'il dut.

(1) M. B. 1290, 439; 1298, 206.
(2) M. B. 1293, 495.

TABLE DES NOMS DE PERSONNES

Observation. — On a fait figurer dans cette table tous les
noms de personnes compris dans les deux listes (Documents I et II). On y trouvera donc, non seulement les noms des
nouveaux bourgeois, mais aussi les noms de leurs parents, asso-
ciés, voisins ou employeurs (dans le cas d'un domestique) dont
l'indication sert à préciser la personnalité du nouveau bourgeois.
Il a paru intéressant de donner une liste complète de tous ces
noms; elle pourra, le cas échéant, fournir des renseignements
utiles à qui tenterait une étude détaillée des familles messines
du xiiie siècle. Toutefois, pour permettre de faire le relevé des
nouveaux bourgeois, on a imprimé en italique le nom de tous
ceux qui, figurant dans les listes, ne peuvent être compris sous
cette dénomination. Ils sont d'ailleurs, facilement reconnaissa-
bles puisqu'ils paraissent toujours au cas régime, ainsi *Jeinat
lou Mercier* (Abertins li filz); toutefois, cette particularité ne
suffirait pas à les distinguer, car si le Document II respecte de
façon presque constante la règle des cas, il n'en va pas de même
du Document I qui reproduit les noms d'immigrants sous la forme
soit du cas sujet, soit du cas régime.

Il n'a pas paru, d'autre part, indispensable de transcrire dans
la table les noms sous leur forme complète; parmi les détermina-
tifs qui précisent la personnalité des individus de toute catégorie
inscrits sur les deux listes, on a retenu par ordre de préférence : le
surnom, le lieu d'origine, le métier et en dernier lieu, l'indication
du domicile. En ce qui concerne le lieu d'origine, on n'a pu,
malheureusement, en tenir compte dans tous les cas où il est
mentionné dans le Document II, puisque bien souvent il est
impossible de préciser si le lieu d'origine concerne l'individu
lui-même ou son père; aussi, dans la table a-t-on indiqué le lieu
d'origine seulement dans les cas où il ne saurait y avoir aucun
doute.

L'abréviation *k. m.* doit se lire *ki* ou *ke maint* (qui demeure).

Abers de Canpulcre, P. 587 C.

Abers li freires Badowin lou tannor, P. 603 G.

Abertin le Borgne (Girardins li filz), P. 594 J.

Abertins (frère de Reuris dou Champel), P. 603 B.

Abertins d'Alanges li taillieres, P. 593 C.

Abertins de Fait, li filz Collart de la Cort, P. 595 K.

Abertins de Pairgney li cordoweniers, P. 597 D.

Abertins de Raimbervilleir li corretiers, P. 602 I.

Abertins de Taiscy li tenneires, P, 603 F.

Abertins li Alemans de Tehicort, P. 592 F.

Abertins li Diaules de Stoxey, P. 594 G.

Abertins li massons de Dommartin, P. 595 G.

Abertins li merciers, P. 604 E.

Abertins li tanneires de Chaponrue, P. 591 E.

Abrias Malcors li taineires, P. 597 F.

Abrions li feivres dou Pont des Mors, P. 594 E.

Abris de la rue des Alemans, P. 591 D.

Abris de Taixey, P. 591 G.

Abrit (Maistre) Chanone de Mes (Hemmonins li freires), P. 590 I.

Abrit de Sanrey (Brokairs li filz), P. 600 H.

Aburtins (fils de Thielo), P. 602 E.

Acelin de Dornant, P. 588 L.

Adan Breiche (Girardas li filz), P. 599 N.

Adan d'Annerey (Garcirions li niez), P. 603 F.

Adans de Bertranges, P. 587 C.

Adans de Tintelanges, P. 586 C.

Adans li clercs de Baixey, P. 590 C.

Adans (Maistres) li terrillons, P. 590 I.

Adenas de Foville, P. 603 B.

Adins li charboniers de Chavrierrue, P. 591 B.

Alardin de Rongueval, P. 587 H.

Alardin lo fevre de Briei, P. 589 I.

Alardins de Noweroit, P. 604 F.

Alixandre d'Onville (Robins li filz), P. 590 A.

Alixandres de Vigney li charpantiers, P. 598 J.

Alixandres li parmantiers de Putelanges, P. 591 H.

Alixon la fille Perrin Noize, P. 596 L.

Ancel (Gublekins li filz), P. 602 J.

Ancel Lalemant (Besselins li filz), P. 600 H.

Ancelz (fils de Hanris de Morehanges), P. 602 H.

Ancelz li filz dame Guertrut de Chicort, P. 597 O.

Andreus de Benées li tanneires, P. 591 M.

Andreus (de Frasne), P. 586 C.

Andreus de Hampont, P. 601 J.

Andreus li valas Burtelo, P. 593 B.

Androwas Sallemons de Maigney, P. 603 D.

Godefroi lo serjant Soffrignon, P. 587 F.

Godefrois de Mainilz, P. 602 J.

Godefrois d'Estarnay, P. 603 G.

Godeschals de Richermont. P. 589 C.

Godin de Spenil. P. 588 A.

Goidelo (Watrins li freires), P. 590 C.

Goidelo li bouchiers dou Pont Renmont, P. 599 E.

Gontier (Watrins li maris la femme), P. 604 C.

Grandeu (Colinas li fil), P. 593 N.

Griiolas li bollangiers, P. 600 K.

Gublekins li filz Ancel, P. 602 J.

Guerairs de Denanges li arceneires, P. 599 H.

Guerbode (Bernewis li freires), P. 591 N.

Guerebode de Brueke, P. 586 E.

Guertrut (dame) (Ancelz li filz), P. 597 O.

Guete (Dame), P. 589 A.

Guios Peiz d'oie de Paris, P. 593 H.

Guizebret Howexelt (Willames li genres), P. 602 O.

Habillons (de Frasne), P. 586 C.

Hainchelo de Mairley li arceneires, P. 595 E.

Hainchelo li muniers de Juz, P. 591 K.

Hainekins li Alemans de Leunebart, P. 590 B.

Halewis li vignieres, P. 591 B.

Hallin de Montcornet, P. 588 H.

Hanelo de la Nueve rue li bolangiers, P. 598 C.

Hanelo de Sezanges li cordoweniers. P. 593 D.

Hannelo Tanat li tanneires de Habondanges, P. 599 E.

Hanri d'Erlon, P. 589 F.

Hanri de Rueranges, P. 588 A.

Hanrias de Pairgney, P. 602 E.

Hanrias (des Roches), P. 590 E.

Hanrias li bolangiers d'Anserville. P. 591 C.

Hanrias li fromegiers d'Ars. P. 604 B.

Hanriat de Bascort, P. 586 B.

Hanriat de Suligni (Colignon li genres), P. 592 N.

Hanrikel de Champillons, P. 589 F.

Hanrions de Blabuevile. P. 587 D.

Hanris con dist de Monehaim, P. 598 L.

Hanris d'Angondanges, P. 587 F.

Hanris de Katenain, P. 599 E.

Hanris de Morehanges, P. 602 G.

Hanris d'Estarnay, P. 597 N.

Hanris Govions li taillieres de Putelanges, P. 602 G.

Hanris li arceneires dou Champel, P. 590 H.

Hanris li charretons d'Anglemur. P. 599 D.

Hanris li cordoweniers... neis de Datanges, P. 599 L.

Hanris li feivres de Maizelles, P. 600 K.

Hanris li wantiers con dist Thoirezin de S. Tronc, P. 594 I.

Hecelin de Xonvile. P. 587 B.

Heces de Hoi, P. 587 A.

TABLE DES NOMS DE LIEUX [1]

A

Abes, Aube. — Aube; Mos., Metz, Pange.

Abeville. — Abbéville; M.-et-M., Briey, Conflans.

Abocort. — Abaucourt; M.-et-M., Nancy, Nomeny.

Aboncort. — Aboncourt-sur-Seille; Mos., arrondissement et canton de Château-Salins.

Adanges, Aidanges. — Edange, hameau de la commune de Fameck; Mos., Thionville, Hayange.

Aileisanges. — Elzange; Mos., Thionville, Metzerwisse.

Airancey. — Arrancy; Meuse, Montmédy, Spincourt.

Aireincort. — Arraincourt; Mos., Boulay, Faulquemont.

Airey. — Arry; Mos., Metz, Gorze.

Airiance. — Arriance; Mos., Boulay, Faulquemont.

Aiseraule. — Oserailles; M.-et-M., Briey, Conflans.

Aix, Aixe. — Aix, commune de Gondrecourt; M.-et-M., Briey, Conflans.

Aixeranges. — Escherange; Mos., Thionville, Cattenom.

Alaincort. — Alaincourt; Mos., Château-Salins, Delme.

Alainmont. — Alémont, commune de Saint-Jure; Mos., Metz, Verny.

Alanges. — Halling; Mos., Metz, Boulay.

Alezenges deleiz Bazonville (2). — Alzing; Mos., Boulay, Bouzonville.

(1) Pour les lieux habités du territoire français, y compris l'Alsace et la Lorraine, la table indique, comme il est d'usage, le département, le chef-lieu d'arrondissement et le chef-lieu de canton.

Pour les noms de départements, les abréviations suivantes ont été employées : M.-et-M. : Meurthe-et-Moselle; Mos. : Moselle.

En ce qui concerne les lieux habités du département de la Moselle. la forme adoptée est celle donnée par la *Liste des maires et adjoints du département* publiée dans le *Recueil des actes administratifs du département de la Moselle.* Année 1920, 1er août 1920, n° 7; p. 387 à 423.

(2) Il faut corriger Bazonville en Bozonville.

Amedanges. — Ammeldingen-sur-Our; Prusse Rhénane, gouvernement de Trèves, cercle de Bitbourg.

Amerinville. — Amnévile, commune de Gandrange; Mos., Thionville, Moyeuvre-Grande.

Ames, Amez. — Aumetz; Mos., Thionville, Fontoy.

Ancei. — Ancy-sur-Moselle; Mos., Metz, Gorze.

Ancerville, Anserville. — Ancerville; Mos., Metz, Pange.

Anerei, Annerey. — Ennery; Mos., Metz, Vigy.

Angondanges. — Hagondange; Mos., arrondissement et canton de Metz.

Annerey, voir **Anerei.**

Anserville, voir **Ancerville.**

Arei. — Arry; Mos., Metz, Gorze.

Arraz. — Arras; Pas-de-Calais, chef-lieu de département.

Ars. — Ars-sur-Moselle; Mos., Metz, Gorze.

Asperc. — Aspelt; Grand-Duché de Luxembourg, canton d'Esch.

Ast. — Asti; Italie, province d'Alexandrie, chef-lieu d'arrondissement.

Aube, Voir **Abes.**

Autinei — ou Autigny-la-Tour; Vosges, Neufchâteau, Coussey ou Autigny-le-Grand; Haute-Marne, Wassy, Joinville ou Autigny-le-Petit, *ibidem.*

Aviat. — Avioth, Meuse, arrondissement et canton de Montmédy.

Awignei, Awigney. — Augny; Mos., arrrondissement et canton de Metz.

B

Bacort, Bascort. — Bacourt; Mos., Château-Salins; Delme.

Badrecort, Baudrecort. — Baudrecourt; Mos., Château-Salins, Delme.

Baixei. — Béchy; Mos., Metz, Pange.

Bascort, voir **Bacort.**

Baseilles. — Bazailles; M.-et-M., Briey, Longwy.

Baudrecort, voir **Badrecort.**

Belevile. — Belleville; M.-et-M., Nancy, Pont-à-Mousson.

Belrains. — Belrain; Meuse, Commercy, Pierrefitte.

Benées. — *Non identifié.*

Beonville, Boenvile, Boienvile. — Bionville; Mos., arrondissement et canton de Boulay.

Bertranges. — Bertrange; Mos., Thionville, Metzerwisse.

Bertranmeix. — Bertrameix, commune de Domprix; M.-et-M., Briey, Audun-le-Roman.

Besseicort. — Bassaucourt, commune de Saint-Maurice-sous-les-Côtes; Meuse, Commercy, Vigneulles.

Biaumont, Bomont. — Beaumont, commune de Moineville; M.-et-M., arrondissement et canton de Briey.

Bienestor, Buenestorf. — Benestroff; Mos., Château-Salins, Albestroff.

Bievres. — Bibiche; Mos., Boulay, Bouzonville.

Billanges. — Bellange; Mos., arrondissement et canton de Château-Salins.

Blabueville. — Blettange, commune de Bousse; Mos., Thionville, Metzerwisse.

Blanvile. — Blainville-sur-l'eau ; M.-et-M., Lunéville, Bayon.

Boenvile, voir **Beonville**.

Boienvile, voir **Beonville**.

Boissieres — ou Bouxières-sous-Froidmont ; M.-et-M., Nancy, Pont-à-Mousson ou Bouxières-aux-Dames ; M.-et-M., arrondissement et canton de Nancy ou Bouxières-aux-Chênes ; M.-et-M., arrondissement et canton de Nancy.

Bomont, voir **Biaumont**.

Bosonvile. — Bouzonville ; Mos., Boulay, chef-lieu de canton.

Bossanges, Bousanges. — Boussange, commune de Gandrange; Mos., Thionville.

Brehaim, Broheim — ou Bréhain-la-ville ; M.-et-M., Briey, Longwy ou Château-Bréhain ; Mos., Château-Salins, Delme.

Breides. — La Breide, commune de Gros-Tenquin ; Mos., Forbach, chef-lieu de canton.

Briei, Briey. — Briey ; M.-et M., chef-lieu d'arrondissement.

Broheim, voir **Brehaim**.

Brueke, Brueske. — Brouck ; Mos., arrondissement et canton de Boulay.

Bruville. — Bruville; M.-et-M., Briey, Conflans.

Bu. — Buy, commune d'Antilly; Mos., Metz, Vigy.

Buedanges. — Hombourg-Budange; Mos., Thionville, Metzerwisse.

Buef. — Beux ; Mos., Metz, Pange.

Buenestorf, voir **Bienestor**.

Buevanges — ou Beuvanges-sous-Justemont, commune de Vitry-sur-Orne ; Mos., Thionville, Moyeuvre-Grande ou Beuvanges-sous-Saint-Michel, commune de Volkrange; Mos., Thionville, Hayange.

Buisei, Buxey. — Buchy; Mos., Metz, Verny.

C

Calredich. — Kaerlich, Prusse Rhénane, gouvernement et cercle de Coblenz.

Canpulcre. — Kemplich; Mos., Thionville, Metzerwisse.

Cerlei. — Sailly ; Mos., Metz, Verny.

Chaalons. — Châlons-sur-Marne ; Marne, chef-lieu de département.

Chacey. — Courcelles-Chaussy; Mos., Metz, Pange.

Chailley — ou Chailly-lès-Ennery ; Mos., Metz, Pange ou Chailly-sur-Nied, commune de Courcelles-sur-Nied; Mos., Metz, Pange.

Chainoit. — Chenois, commune de Béchamp; M.-et-M., Briey, Conflans.

Chaminet, Cheminat. — Cheminot; Mos., Metz, Verny.

Champillons. — Champion, commune de Chailly-lès-Ennery (voir **Chailley**).

Chastels. — Châtel-Saint-Germain; Mos., Metz. Gorze.

Chastels-sor-Mosele. — Châtel-sur-Moselle; Vosges, Épinal, chef-lieu de canton.

Cheminat, voir **Chaminet**.

Chicort. — Chicourt; Mos., Château-Salins, Delme.

Ciel. — Scy-Chazelles; Mos., arrondissement et canton de Metz.

Cillers. — Silly-sur-Nied; Mos., Metz, Pange.

Comes. — Coume; Mos., arrondissement et canton de Boulay.

Commarcei. — Commercy; Meuse, chef-lieu d'arrondissement.

Condei. — Condé-Northen; Mos., arrondissement et canton de Boulay.

Condeit en Barroit. — Condé-en-Barrois; Meuse, Bar-le-Duc. Vavincourt.

Conflans. — Conflans; M.-et-M., Briey, chef-lieu de canton.

Corceles, Corcelles. — Courcelles-sur-Nied; Mos., Metz, Pange.

Cullandac. — Bas-Curlot (1); commune de Saint-Quirin; Mos., Sarrebourg, Lorquin.

Cuvrei. — Cuvry, Mos., Metz, Verny.

D

Dantenges. Datanges. — Denting; Mos., arrondissement et canton de Boulay.

Davifouse, Davitfosse. — *Non identifié*.

Deimes, Deismes, Desmes. — Delme; Mos., Château Salins, chef-lieu de canton.

Denanges. — *Non identifié*.

Desmes, voir **Deimes**.

Deulowart. — Dieulouard; M.-et-M., Nancy, Pont-à-Mousson.

Dextrei. — Destry; Mos., Forbach, Gros-Tenquin.

Domangevile. — Domangeville, commune de Sanry-sur-Nied; Mos., Metz, Pange.

Dommartin. — En raison du grand nombre de Dommartin (une dizaine pour la région de l'Est) il est impossible de proposer une identification certaine.

Donbaile. — Il est impossible de choisir entre Dombasle-sur-Meurthe, Dombasle-devant-Darney, Dombasle-en-Xaintois et Dombasle (Meuse, Verdun, Clermont-en-Argonne).

Doncherey. — Donchery; Ardennes, Sedan, Sedan.

Doncort. — Doncourt-lès-Conflans; M.-et-M., Briey, Conflans.

(1) Pour Cullandac, j'adopte sous toutes réserves l'identification proposée par Grimme, *Metzer Bannrollen*, tome IV, page 229, V° Curlandac; elle est loin d'être certaine.

Dongeu. — Donjeux; Mos., Château-Salins, Delme.

Donpiere. Sans doute Dompierre, commune d'Allamont; M.-et-M., Briey, Conflans.

Dornant. — Dornot; Mos., Metz. Gorze.

Droitaumont. — Droitaumont, commune de Jarny; M.-et-M., Briey, Conflans.

Duedelanges. — Dudelange, (en allemand) Duedelingen; Grand Duché de Luxembourg, canton d'Esch.

Duelestor. — Distroff; Mos., Thionville, Metzervisse.

Dugnei. — Dugny; Meuse, arrondissement et canton de Verdun.

E

Elanges. — Elange, commune de Weymerange; Mos., arrondissement et canton de Thionville.

Epillei. — Eply; M.-et-M., Nancy, Nomeny.

Erlon. — Arlon; Belgique, province Luxembourg, chef-lieu d'arrondissement.

Ernauville, Hernauvile. — Arnaville; M.-et-M., Toul, Thiaucourt.

Espinals, Espinalz. — Epinal; Vosges, chef-lieu de département.

Estarnay. — Esternay; Marne, Epernay, chef-lieu de canton.

Eukanges. — Uckange; Mos., Thionville, Hayange.

F

Fais, Fait. — Féy; Mos., Metz, Verny.

Faukemont. — Faulquemont; Mos., Boulay, chef-lieu de canton.

Flavei. — Flévy; Mos., Metz, Verny.

Fleinville. — Flanville, commune de Montoy, Mos., Metz, Pange.

Flocort. — Flocourt; Mos., Metz, Pange.

Fonteniers. — Fonteny; Mos., Château-Salins, Delme.

Foville. — Foville; Mos., Metz, Verny.

Fraimerey. — Frémery; Mos., Château-Salins, Delme.

Fraine, Fraines, Frasne. — Fresnes-en-Saulnois; Mos., arrondissement et canton de Château-Salins.

Freicort. — Frécourt, commune de Servigny-lès-Raville; Mos., Metz, Pange.

Frontigney. — Frontigny, commune de Mécleuves; Mos., Metz, Verny.

G

Geillaucourt. — Gélaucourt; M.-et-M., Toul, Colombey.

Gernei, Gerney. — Jarny, M.-et-M., Briey, Conflans.

Giuerei. — Jury ; Mos., Metz, Verny.

Givignei — ou Juvigny-sur-Loison ; Meuse, arrondissement et canton de Montmédy ou Juvigny-en-Perthois ; Meuse, Bar-le-Duc, Ancerville.

Glatignei. — Glatigny ; Mos., Metz, Vigy.

Goens. — Goin ; Mos., Metz, Verny.

Gorze. — Gorze , Mos., Metz, chef-lieu de canton.

Graiz. — Gras, commune de Ste-Barbe ; Mos., Metz, Vigy.

Guinnanges. — Guénange, commune de Metzerwisse ; Mos., Thionville, Metzerwisse.

H

Habeinvile, Haboenville. — Habonville, commune de St-Ail ; M.-et M., arrondissement et canton de Briey.

Haboudanges. — Haboudange ; Mos., arrondissement et canton de Château-Salins

Haidonchastel. — Hattonchâtel ; Meuse, Commercy, Vigneulles.

Haikeranges. — Heckling, commune de Bouzonville ; Mos., Boulay, Bouzonville.

Hairgarde. — Hargarten-aux-Mines ; Mos., Boulay, Bouzonville.

Halegrange. — Algrange ; Mos., Thionville, Hayange.

Ham. — Ham-devant-Marville, commune de St-Jean ; M.-et-M., Briey, Longuyon.

Hameicort. — Homécourt ; M.-et-M., arrondissement et canton de Briey.

Hameiville. — Hamevillers, commune de Neufchef ; Mos., Thionville, Hayange.

Hampont. — Hampont ; Mos., arrondissement et canton de Château-Salins.

Harperc. — Harprich ; Mos., Forbach, Gros-Tenquin.

Heceberc. — Hersberg, commune de Bech ; Grand-Duché de Luxembourg, canton d'Echternach.

Heimestor. — Gross-Hemmersdorf ; Prusse Rhénane, gouvernement de Trèves, cercle de Sarrelouis.

Heis. — Hayes ; Mos., Metz, Vigy.

Henaucort. — Hannocourt ; Mos., Château-Salins, Delme.

Hermuecort. — *Non identifié*.

Hernauvile. Voir **Ernauvile**.

Herney. — Herny ; Mos., Boulay, Faulquemont.

Heu, Hoi. — Huy ; Belgique, province de Liège.

Holdanges. — Holling ; Mos., arrondissement et canton de Boulay.

Hombourc — ou Hombourg-Haut ; Mos., Forbach, St-Avold ou Hombourg-Budange ; Mos., Thionville, Metzervisse.

Hulo, ou Hulouf. — Village correspondant à la partie sud de Queuleu.

Hurpigne. — *Non identifié*.

I

Inguevilers, Yngueviler. — Ingweiler; Bas-Rhin, Saverne, Bouxwiller.

J

Jous, Juef, Juz. — Jœuf; M.-et-M., arrondissement et canton de Briey.
Juissel, Juxey. — Jussy; Mos., Metz, Gorze.

K

Katanges. — Kédange; Mos., Thionville, Metzerwisse.
Katenain. — Cattenom; Mos., Thionville, chef-lieu de canton.

L

La Creux sus Meuze. — Lacroix-sur-Meuse; Meuse, Commercy, St-Mihiel.
Landanges, Lendenges. — Laning, commune de Gros-Tenquin; Mos., Forbach, Gros-Tenquin.
Larbrie. — Labry; M.-et-M., Briey, Conflans.
Lasses. — Lesse; Mos., Château-Salins, Delme.
La Tor en Weivre. — Latour-en-Woëvre; Meuse, Verdun, Fresnes-en-Woëvre.
Lay — ou Lay-St-Christophe; M.-et-M., arrondissement et canton de Nancy, ou Ley; Mos., Château-Salins, Vic.
Lekenezi, Lukeneisi. — Laquenexy; Mos., Metz, Pange.
Lendenges, voir **Landanges.**
Leubei. — Lubey; M.-et-M., arrondissement et canton de Briey.
Leunebart. — Luenebach; Prusse Rhénane, gouvernement de Trèves, cercle de Prüm.
Leustanges. — Luttange; Mos., Thionville, Metzerwisse.
Lewons, Lewon. — Liéhon; Mos., Metz, Verny.
Limoncort. — Lemoncourt; Mos., Château-Salins, Delme.
Longevile, Longeville, ou Longeville-lès-Metz; Mos., arrondissement et canton de Metz ou Longeville-lès-Cheminot, commune de Cheminot; Mos., Metz, Verny.
Longevile deleis S. Martin a la Glandière. — Longeville-lès-S. Avold; Mos., Boulay, Faulquemont.
Lonwit. — Longwy; M.-et-M., Briey, chef-lieu de canton.
Lorey delez Monceons. — Lorry-Mardigny; Mos., Metz, Verny.

Loveney. — Louvigny; Mos., Metz, Verny.

Lowon, voir **Lewons.**

Lucelborc, Lucelburc, Lucemborc, Lusamborc. — Luxembourg, capitale du Grand-Duché de Luxembourg.

Lucey. — Lucy; Mos., Château-Salins, Delme.

Lukeneisi, Voir **Lekenezi.**

Lupey, Luppei. — Luppy; Mos., Metz, Pange.

Lusamborc, Voir **Lucelborc.**

M

Maclive, Marclive. — Mécleuves; Mos., Metz, Verny.

Macres, Mascre. — Macker, commune de Helstroff; Mos., arrondissement et canton de Boulay.

Maigney. — Magny; Mos., Metz, Verny.

Mainilz. — Les Ménils, commune de Courcelles-Chaussy; Mos., Metz, Pange.

Mainilz deleis Lucey. — Ménil, commune de Prévocourt; Mos., Château-Salins, Delme.

Mairanges. — Marange-Silvange; Mos., arrondissement et canton de Metz.

Mairley. — Marly; Mos., Metz, Verny.

Mairney. — Many; Mos., Boulay, Faulquemont.

Mairueles. — Marieulles; Mos., Metz, Verny.

Maiseroi. — Maizeroy; Mos., Metz, Pange.

Maisieres. — Maizières-lès-Metz; Mos., arrondissement et canton de Metz.

Malacort. — Malaucourt; Mos., Château-Salins, Delme.

Malaincort, Maleincort. — Malancourt, commune de Montois-la-Montagne; Mos., canton et arrondissement de Metz.

Mallenberc. — Malberg; Prusse Rhénane, gouvernement de Trèves, cercle de Bitbourg.

Malleroit. — Malroy; Mos., Metz, Vigy.

Mance. — Mance; M.-et-M., arrondissement et canton de Briey.

Manweit. — Manhoué; Mos., arrondissement et canton de Château-Salins.

Marclive, voir **Maclive.**

Mardeney. — Mardigny, commune de Lorry-Mardigny; Mos., Metz, Verny.

Marville. — Marville; Meuse, arrondissement et canton de Montmédy.

Mascre, voir **Macres.**

Metri. — Metrich, commune de Koenigsmaker; Mos., Thionville, Metzerwisse.

Moienevile, Moieneville. — Moineville; M.-et-M., arrondissement et canton de Briey.

Molins. — Moulin-lès-Metz; Mos., arrondissement et canton de Metz.

Momestor. — Momerstroff; Mos., arrondissement et canton Boulay.

Monchues, Monchuez. — Moncheux, Mos., Metz, Verny.

Monehaim. — Manom; Mos., arrondissement et canton de Thionville.

Mons. — Mont, commune de Pange; Mos., Metz, Pange.

Montcornet — ou Montcornet; Ardennes, Mézières, Renwez, [ou Mont-cornet]; Aisne, Laon, Rozoy-sur-Serre.

Montfaucon. — Montfaucon; Meuse, Montmédy, chef-lieu de canton.

Montigney. — Montigny-lès-Metz; Mos., arrondissement et canton de Metz.

Montois. — Montois-la-Montagne; Mos., arrondissement et canton de Metz.

Montpellier. - Montpellier, Hérault, chef-lieu de département.

Morehanges. — Morhange; Mos., Forbach, Gros-Tenquin.

N

Nancei, Nancey. — Nancy; M.-et-M., chef-lieu de département.

Noeroit, Noweroit. — Norroy; M.-et-M., Nancy, Pont-à-Mousson.

Noesceville. — Noisseville; Mos., Metz, Vigy.

Nominei. — Nomeny; M.-et-M., Nancy, chef-lieu de canton.

Noweroi lo sac. — Norroy-le-Sec; M.-et-M., Briey, Conflans.

Nonviant. — Novéant; Mos., Metz, Gorze.

Noweroit, voir **Noeroit.**

Nowillei. — Nouilly; Mos., Metz, Vigy.

Nuefchastel (dou) — ou Neufchâteau; Vosges, chef-lieu d'arrondissement ou Neufchâteau; Belgique, province de Luxembourg, chef-lieu d'arrondissement ou Neufchâtel; Aisne, Laon, chef-lieu de canton.

O

Obelanges. — Hobling, commune de Chémery-les-Deux; Mos., Boulay, Bouzonville.

Oisei. — Ogy; Mos., Metz, Pange.

Olées. — Olley; M.-et-M., Briey, Conflans.

Ollaucort. — Holacourt; Mos., Boulay, Faulquemont.

Oltre? — Il faut sans doute lire Oltre [Mosele].

Onville. — Onville; M.-et M., Briey, Chambley.

Ottanges. — Ottange; Mos., Thionville, Fontoy.

P

Pairgney - ou Pagny-lès-Goin; Mos., Metz, Verny ou Pagny-sur-Moselle; M.-et-M., Nancy, Pont-à-Mousson.

Parers en Wevre. — Parcid; Meuse, Verdun, Fresnes-en-Woëvre.

Parfontrut deleis Buxey. — Parfondrupt; Meuse, Verdun, Etain.

Pariz, Paris.

Periu. — Pierrejeux, commune d'Orny; Mos., Metz, Verny.

Pivelanges. — Piblange; Mos., arrondissement et canton de Boulay.

Pont a Monsons. — Pont-à-Mousson ; M.-et-M., Nancy, chef-lieu de canton.

Pontois. — Pontoy ; Mos., Metz, Verny.

Prais. — Preys, commune d'Eply ; M.-et-M., Nancy, Nomeny.

Prenoy, Prunoy — ou Pournoy-la-Chétive ou Pournoy-la-Grasse ; Mos., Metz, Verny.

Provocourt. — Prévocourt ; Mos., Château-Salins, Delme.

Pusues, Pusuels, Puxuez. — Puzieux ; Mos., Château-Salins, Delme.

Putelanges — ou Puttelange-lès-Sarralbe ; Mos., Forbach, Sarralbe ou Puttelange-lès-Rodemack ; Mos., Thionville, Cattenom.

Puxuez, voir **Pusues**.

Pylons. — Pillon ; Meuse, Montmédy, Spincourt.

R

Racort. — Raucourt ; M.-et-M., Nancy, Nomeny.

Raimbervilleir. — Rambervillers ; Vosges, Épinal, chef-lieu de canton.

Ranguevile. — Rongueville, commune d'Ancy-sur-Moselle ; Metz, Mos., Gorze.

Remilley. — Rémilly ; Mos., Metz, Pange.

Richermont, Richiermont. — Richemont ; Mos., Thionville Hayange.

Riseborc. — *Non identifié*.

Rodehaim. — Rodehain, commune de Morhange ; Mos., Forbach, Gros-Tenquin.

Rodemacre. — Rodemack ; Mos., Thionville, Cattenom.

Rongueval. — Ranguevaux ; Mos., Thionville, Hayange.

Roserueles. — Rozérieulles ; Mos., Metz, Gorze.

Rueranges. — Rurange ; Mos., Thionville, Metzerwisse.

Ruet — ou Rupt-aux-Nonnains ; Meuse, Bar-le-Duc, Ancerville ou Rupt-devant-Saint-Mihiel ; Meuse, Commercy, Pierrefitte ou Rupt-en-Woëvre ; Meuse, arrondissement et canton de Verdun ou Rupt-sur-Othain ; Meuse, Montmédy, Damvillers.

Rupignei, Ruppignei. — Rupigny, commune de Charly ; Mos., Metz, Vigy.

Rut deleis Moiveron. — Rupt-lès-Moivron, commune de Villers-lès-Moivron ; M.-et-M., Nancy, Nomeny.

S

Sainne la Vielle. — Sayn ; chef-lieu de cercle, Prusse Rhénane (?).

Saint (voir à la fin de l'article).

Sairt (dou). — Le Sart, commune de Trieux ; M.-et-M., Briey, Audun-le-Roman.

Sanbaing. — Saint-Boingt ; M.-et-M., Lunéville, Bayon.

Sanrei, Sanrey - ou Sanry-lès-Vigy; Mos., Metz, Vigy ou Sanry-sur-Nied; Mos., Metz, Pange.

Sapignicort. — Sapignicourt; Marne, Vitry-le-François, Thiéblemont.

Sarebourc. — Sarrebourg; Mos., chef-lieu d'arrondissement (1).

Saunei. — Saulny; Mos., arrondissement et canton de Metz.

Saussures. — Saulxures. Il n'est pas possible de choisir entre les nombreux Saulxures de la région de l'Est.

Secors, Soscors. — Secourt; Mos., Metz, Verny.

Semicort, Simeincort. — Semécourt; Mos., arrondissement et canton de Metz.

Sezanges. — *Non identifié.*

Simeincort, voir **Semicort.**

Sinterey. — Ceintrey; M.-et-M., Nancy, Haroué.

Sirkes. — Sierck; Mos., Thionville, chef-lieu de canton.

Siverei, Sivrey - ou Xivry-Circourt; M.-et-M., Briey, Audun-le-Roman ou Xivry-le-Petit, commune de Grand-Failly; M.-et-M., Briey, Longuyon.

Soignes. — Solgne; Mos., Metz, Verny.

Soitru. — Seutry, commune de Herny; Mos., Boulay, Faulquemont.

Sororvile. — Serrouville; M.-et-M., Briey, Audun-le-Roman.

Soscors, voir **Secors.**

Spenil. — Pénil, commune de Génaville; M.-et-M., arrondissement et canton de Briey.

Stoncort. — Stoncourt, commune de Villers-Stoncourt; Mos., Metz, Pange.

Suligni. — Sillegny; Mos., Metz, Verny.

S. Avo, S. Avor. - St. Avold; Mos., Forbach, chef-lieu de canton.

S. Evre. — St Epvre; Mos., Château-Salins, Delme.

St. Julien — ou St-Julien-lès-Gorze; Mos., Metz, Gorze ou St Julien-lès-Metz; Mos., arrondissement et canton de Metz.

S. Jure. — St. Jure; Mos., Metz, Verny.

S. Marcel. — St-Marcel; M.-et-M., Briey, Conflans.

S. Martin. — Ban St-Martin; Mos., arrondissement et canton de Metz.

S Martin a la Glandiere. — Longeville-lès-St-Avold; Mos., Boulay, Faulquemont.

S. Michiel en Thieresche. — St-Michel; Aisne, Vervins, Hirson.

S. Mihier. — St-Mihiel; Meuse, Commercy, chef-lieu de canton.

S. Nicolais. — St-Nicolas-du-Port; M.-et-M., Nancy, chef-lieu de canton.

S. Pol. — St-Paul, commune de Serrouville; M.-et-M., Briey, Audun-le-Roman.

S. Telier. — St-Hilaire; Meuse, Verdun, Fresnes-en-Woëvre.

S. Tronc. — St-Trond; Belgique, Limbourg, Hasselt.

Sainte Marie aus Chasnes. — Ste-Marie-aux-Chênes; Mos., arrondissement et canton de Metz.

(1) Peut-être aussi Sarrebourg; Prusse Rhénane, gouvernement de Trèves.

Sainte Rafine, Sainte Raphine. — Ste-Ruffine, Mos., Metz ; Gorze.

T

Taisey, Taixey. — Thézey-St-Martin ; M.-et-M., Nancy, Nomeny.
Tannei. — Gros-Tenquin ; Mos., Forbach, chef-lieu de canton.
Tehicort, Tichiecort. — Thicourt ; Mos., Boulay, Faulquemont.
Tetenges. — Téting ; Mos., Boulay, Faulquemont.
Thiekestor. — Distroff ; Mos., Thionville, Metzerwisse.
Thionville. — Thionville ; Mos., chef-lieu d'arrondissement.
Tichiecort, voir **Tehicort.**
Tinkerei, Tinkerey. — Tincry ; Mos., Château-Salins, Delme.
Tintelanges. - Tenteling ; Mos., Château-Salins, Delme.
Tol, Toul. — Toul ; M.-et-M., chef-lieu d'arrondissement.
Tornay — ou Tournai, Belgique, Hainaut ou Tournay-en-Ardenne ; Belgique ; Luxembourg.
Toul, voir **Tol.**
Tramerei. — Trémery ; Mos., Metz, Vigy.
Trievres. — Trèves ; Prusse Rhénane, chef-lieu de gouvernement.
Triuet. — Trieux ; M.-et-M., Briey, Audun-le-Roman.
Trognuel. — Tragny ; Mos., Metz, Pange.
.III. Fontainnes. — ou Trois-Fontaines ; Mos., arrondissement et canton de Sarrebourg ou Tromborn, Mos., Boulay, Bouzonville.
Tronvile. — Tronville ; M.-et-M., Briey, Chambley.

V

Vaissei. — Vassy ; Haute-Marne, chef-lieu d'arrondissement.
Valieres. — Vallières, Mos., arrondissement et canton de Metz.
Vals. — Vaux ; Mos., Metz, Gorze.
Vandieres. — Vandières ; M.-et-M., Nancy, Pont-à-Mousson.
Vantous. — Vantoux ; Mos., arrondissement et canton de Metz.
Varannes. — Varennes-en-Argonne ; Meuse, Verdun, chef-lieu de canton
Veinemont, Venemont, Vennemont. — Voinémont ; M.-et-M. Nancy, Haroué.
Verdun. — Verdun Meuse, chef-lieu d'arrondissement.
Vesons. — Vezon, commune de Marieulles ; Mos., Metz, Verny.
Viez Ville deleis Hadonchastel. Viéville-sous-les-côtes ; Meuse, Commercy, Vigneulles.
Vigei. — Vigy ; Mos., Metz, chef-lieu de canton.
Vigney. — Vigny ; Mos., Metz, Verny.
Vignueles — ou Vigneulles ; M.-et-M., Lunéville, Bayon ou Vigneulles-lès-

Hattonchâtel]; Meuse, Commercy, chef-lieu de canton [ou Vigneulles-Hautes]; Mos., Boulay, Faulquemont.

Vilers. — Impossible à identifier, en raison du grand nombre de Villers dans l'Est.

Ville sus Yron. — Ville-sur-Yron; M.-et-.M, Briey, Conflans.

Virey. — Viry; Mos., Metz, Vigy.

W

Waigney. — Vagney; Vosges, Remiremont, Saulxure-sur-Moselotte.

Waixey. — Vaxy; Mos., arrondissement et canton de Château-Salins.

Waldrike, Waldriske. — Vaudréching; Mos., Boulay, Bouzonville.

Wales. — Wahl-lès-Faulquemont; Mos., Boulay, Faulquemont.

Wargavile, Wergaville. — Vergaville; Mos., Château-Salins, Dieuze.

Wasoncort. — Bazoncourt; Mos., Metz, Pange.

Welz. — *Non identifié.*

Wergaville, voir **Wargaville.**

Werrise. — Varize; Mos., arrondissement et canton de Boulay.

Wieze. — Metzerwisse; Mos., Thionville, chef-lieu de canton.

Willanges. — Villing; Mos., Boulay, Bouzonville.

Wirei. — Viry; Mos., Metz, Vigy.

Witonville. — Vittonville; M.-et-M., Pont-à-Mousson.

X

Xeuocort. — Xocourt; Mos., Château-Salins, Delme.

Xonvile. — Xonville; M.-et-M., Briey, Chambley.

Xous, Xouces — ou Suisse-Basse; Mos., Forbach, Gros-Tenquin ou Xousse; M.-et-M., Lunéville, Blâmont.

Y

Yngueviler, voir **Inguevilers.**

Z

Zeitri. — Soetrich, commune de Hettange-la-Grande; Mos., Thionville, Cattenom.

BAR-LE-DUC. — IMPRIMERIE CONTANT-LAGUERRE.

LE DROIT DE BOURGEOISIE
ET L'IMMIGRATION RURALE
A METZ AU XIIIe SIÈCLE (SUITE)
PAR Edmond PERRIN.

Je dois au bienveillant et généreux accueil de la *Société d'histoire et d'archéologie de la Lorraine* de pouvoir compléter cette année par une carte (1) l'étude que j'ai consacrée dans un précédent volume de l'*Annuaire* au droit de bourgeoisie et à l'immigration rurale à Metz au XIIIe siècle (2). Cette carte a pour but de fixer sous une forme concrète et aussi frappante que possible les remarques que j'ai présentées dans la troisième partie de mon travail au sujet des localités qui ont fourni à Metz au cours du XIIIe siècle un contingent d'immigrants (3); il n'est donc point besoin de reproduire des conclusions déjà formulées et il suffira d'indiquer très rapidement les principes qui ont présidé à l'établissement de la carte, les renseignements qu'elle peut fournir et surtout de rappeler dans quelles limites on peut utiliser les éléments d'information qu'elle renferme.

L'échelle adoptée est le 400 000e, ce qui a permis de faire figurer sur la carte des localités assez éloignées de Metz pour qu'on puisse immédiatement se rendre compte de la remarquable puissance d'attraction exercée par le centre urbain; par contre il a fallu exclure de la carte des localités franchement excentriques, on s'est contenté d'en donner la liste en les groupant suivant quelques grandes directions géographiques.

En principe la carte ne comporte que les noms de lieu mentionnés dans les deux documents, que j'ai eu l'occasion de signaler et d'interpréter dans ma précédente étude et encore de ces noms a-t-on retenu seulement ceux des localités qui ont fourni des immigrants à Metz à l'exclusion de tout autre, c'est-à-dire en somme les noms mêmes des localités

(1) Voir à la page 153 du présent volume.
(2) E. Perrin. *Le droit de bourgeoisie et l'immigration rurale à Metz au XIIIe siècle. — Annuaire de la Société d'histoire et d'archéologie de la Lorraine.* Tome XXX, p. 513-639.
(3) Voir *Annuaire.* T. XXX, p. 569 (Origine des nouveaux bourgeois).

qui figurent à la Table accompagnant l'étude (1). Toutefois on a dû, pour faciliter la lecture de la carte, indiquer en lettres capitales les principaux centres géographiques de la région de l'Est et du Nord-Est, de manière à obtenir, avec le dessin de quelques rivières, un canevas géographique et un ensemble de points de repère, grâce auxquels on pourra facilement localiser des villages peu connus, mais intéressants cependant pour notre étude.

Enfin si la « Table des noms de lieu » a servi de base au présent travail cartographique, il convient de faire remarquer qu'on n'a pu reporter sur la carte tous les noms qu'elle renferme ; il n'a pas été possible de tenir compte ni des sept localités dont l'identification n'a pu être établie, ni des localités plus nombreuses dont l'identification reste problématique. Ces localités sont : Boissières, Bréhain, Buevanges, Chailley, Dommartin, Donbaile, Hombourc, Longeville, Nuefchastel, Pairgney, Prenoy, Prunoy, Putelanges, Sanrei, Saussures, Siverei, Sivrey, St-Julien, Vigneulles, Vilers. Si pour chacune d'elles la forme moderne (Bouxières, Bréhain, Chailly, etc.) ne fait pas de doute au point de vue philologique, on ne saurait cependant préciser à quelle localité moderne convient le nom ancien, à cause de la fréquence de ce nom dans la toponymie de la région lorraine et on a montré précédemment qu'aucun argument sérieux ne pouvait être invoqué pour trancher la difficulté. Dans ces conditions la carte, n'admettant pas tous les noms contenus dans les Documents I et II, ne saurait donner une interprétation rigoureusement exacte de ces deux documents (2).

(1) Voir Table des noms de lieux : *op. cit.*, p. 626.

(2) On a tenu compte pour l'établissement de la carte, des rectifications suivantes, qu'il a paru nécessaire d'apporter à la Table des noms de lieu.

Benées, qui n'avait pas été identifié est certainement Benney ; Mthe-et-Mos., Nancy, Haroué. On trouve dans la région de Benney deux autres villages (Voinémont et Ceintrey) qui ont fourni des immigrants ; de plus la graphie Benées (Benney) est analogue à celle de Oiées (Olley).

Dans le Document I, p. 588 A, il faut lire Hanri de Ruecanges (au lieu de Rueranges) et remplacer à la Table des noms de lieu (p. 636) la ligne qui concerne Rueranges par :

Ruecanges. Russange ; Mos., Thionville, Fontoy.

Ajouter à la Table la mention suivante qui concerne Mirabel (p. 590 J).

Mirabel. Meilberg, château détruit, commune d'Illange ; Mos., Thionville, Metzerwisse.

Remplacer l'identification proposée pour Breides par la suivante, qui paraît plus vraisemblable :

Breides. Bride, village détruit, commune de Wuisse ; Mos., arrond. et canton de Château-Salins.

Enfin **Sanbaing** a été identifié avec Saint-Boingt ; Mthe-et-Mos., Lunéville, Bayon, et c'est ce village qui a été indiqué sur la carte, mais il est vraisemblable qu'il s'agit de Cemboing ; Haute-Saône, Vesoul, Jussey.

Les noms de lieu qui ont été retenus ont été distingués et soulignés de façon différente suivant le document dans lequel ils sont mentionnés, c'est-à-dire suivant la période durant laquelle les localités ont fourni des immigrants à Metz. Mais on sait à ce propos combien il est difficile de fixer avec quelque certitude le lieu d'origine des nouveaux bourgeois; il suffira de rappeler ici les deux sortes de difficultés qui retardent la solution du problème pour préciser du même coup la valeur des renseignements que la carte est susceptible de fournir.

Dans les études de démographie moderne, quand on étudie par exemple l'apport fourni par l'immigration à l'une des grandes villes de l'Europe contemporaine, il est en général possible, en utilisant les indications très précises de l'état-civil, de grouper les individus suivant la région d'où ils sont originaires, c'est-à-dire suivant leur *lieu de naissance*. Or, dans le cas considéré, nous n'avons point des données aussi précises, tant s'en faut; le lieu d'origine est accolé au nom ou surnom du nouveau bourgeois sans autre indication qui permette d'interpréter le véritable sens de la préposition *de* qui fait la liaison. Presque toutes les mentions portées aux Documents I et II sont du type connu : « *Adans li clers de Bairey* », et dans ces conditions, il est impossible de dire si le nouveau bourgeois, dans le cas présent, Adans li clers, était natif de Béchy ou si ce village fut son dernier domicile avant son arrivée à Metz. Toutefois, bien que la mobilité des hommes du XIIIᵉ siècle ait été relativement grande, et que des déplacements successifs avec étapes intermédiaires ne soient pas invraisemblables, il est probable que le nom de lieu, qui suit dans les deux listes certains des noms de nouveaux bourgeois, indique le lieu de naissance dans la grande majorité des cas. Ce qui le laisserait supposer, c'est que dans quelques cas exceptionnels, le scribe a cru devoir mentionner spécialement le lieu de naissance et l'a distingué du dernier domicile. Ainsi: P. 597 M. Vivions Chavolz dis de Lasses ki fut nées de Chainoit. Quoi qu'il en soit, il faut prendre les noms du lieu d'origine tels quels, sans qu'on puisse arriver à la précision que seules rendent possibles les statistiques modernes.

L'autre difficulté qu'on rencontre est plus grave; il s'agit, en effet, de savoir si cette mention du lieu d'origine a la valeur d'un renseignement d'état-civil, si c'est une marque personnelle, propre à l'individu qui est agréé comme nouveau bourgeois, ou si c'est un simple surnom, appliqué à toute une famille, dont l'arrivée effective à Metz peut remonter à plusieurs générations. J'ai montré précédemment

que la solution du problème était en relation étroite avec les
conditions mêmes dans lesquelles s'est faite l'inscription
au rôle des manants et qu'à cet égard il existait une différence profonde entre les Documents I et II.

Je crois avoir établi que dans le Document I la mention
du lieu d'origine vaut pour l'individu lui-même (1); on peut
donc considérer que les localités désignées dans ce document
et qui sur la carte ont été soulignées d'un trait noir continu,
ont fourni à Metz des immigrants durant la période
1239—1242 et peut-être aussi durant les années qui précèdent *immédiatement* 1239. Pour les localités qui figurent au
Document II, il n'en va pas de même. Tandis que, sauf de
rares exceptions, les noms des nouveaux bourgeois du Document I sont *toujours* accompagnés de l'indication du lieu d'origine, un peu plus de la moitié seulement de ceux qui sont
mentionnés au Document II (exactement 283 sur 458) comportent ce renseignement précis et déjà de ce fait les éléments
d'information dont nous disposons pour les deux périodes
(1239 1242 et 1286—1290) ne sont pas du même ordre et
ne sont pas parfaitement comparables entre eux.

Mais de plus il est impossible dans la plupart des cas, et
en particulier quand le nom du nouveau bourgeois est suivi
du nom de son père, de décider à quelle époque précise remonte l'immigration à Metz. Cependant en dépit de cette
imprécision, qui tient à la nature même du document, il
n'a pas paru inutile de reporter tous les noms de localités
fournis par le Document II sur la carte où ils sont soulignés d'un trait noir discontinu. Il suffira, dans l'interprétation de la carte, de se rappeler les observations qui précèdent ; on restera, je crois, dans les limites de la vraisemblance,
en admettant que les localités ainsi soulignées ont envoyé
des immigrants à Metz dans le quart de siècle qui a précédé
la période d'inscription : 1286—1290.

Ces réserves faites, un fait reste bien établi, celui-là même
que la carte met en lumière : au cours du XIIIe siècle durant
deux périodes aux limites imprécises l'immigration vers Metz,
que nous saisissons, au moins partiellement, dans les listes
de bourgeoisie de 1239 1242 et 1286—1290, est partie de
localités, en très grande majorité rurales, et qui dans l'un
et l'autre cas correspondent à une même zone géographique.
Il faudrait toutefois des compléments d'information, d'autres
documents de même nature, pour distinguer des *centres per-
manents d'émigration* vers Metz ; les deux documents qui ont

(1) Voir *Annuaire*, t. XXX, p. 559 et 572.

été l'occaion de cette étude, permettent seulement de dessiner
les contours de la *zone d'attraction* de Metz; pour modeste
qu'il soit, le résultat n'est peut être pas négligeable (1).

(1) Je profite de l'occasion qui m'est offerte pour signaler et corriger
quelques fautes d'impression, qui se sont glissées dans mon article.
P. 522, note 1. Lire : *ces* deux dernières mentions.
P. 599 F. Lire : Haboudanges.
P. 634. Lire **Mollenberg;** Malberg.
P. 639. Lire **Virey;** Vry (au lieu de Viry).
P. 638. Lire **Tintelanges ;** Tenteling; Mos., Forbach, Forbach.
P. 639. Lire **Wittei;** Vry (au lieu de Viry).

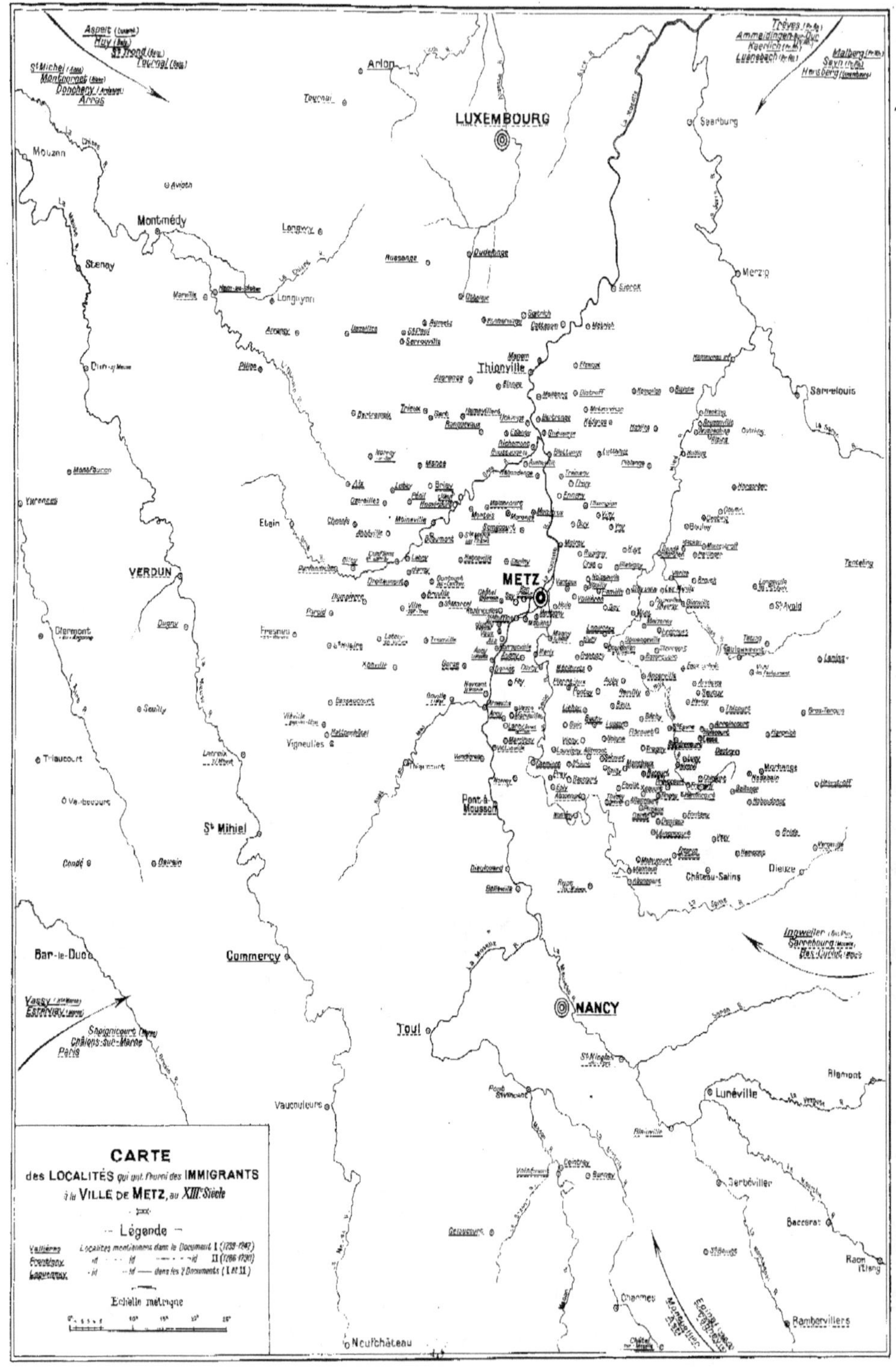

CARTE
des LOCALITÉS qui ont fourni des IMMIGRANTS
à la VILLE de METZ, au XIIIe Siècle
— Légende —
Vallières   Localités mentionnées dans le Document I (1738-1742)
Fontenoy   id   id   id   II (1766-1790)
Laquenexy   id   id   dans les 2 Documents (I et II)
Echelle métrique
LUXEMBOURG
METZ
VERDUN
NANCY
Thionville
Sarrelouis
Merzig
Saarburg
Montmédy
Stenay
Longwy
Longuyon
Étain
St Mihiel
Pont-à-Mousson
Commercy
Toul
Lunéville
Baccarat
Raon l'Etape
Rambervilliers
Château-Salins
Dieuze
St Avold
Teterchen
Vaucouleurs
Neufchâteau
Bar-le-Duc
Clermont
Triaucourt
Vigneulles
Arlon

www.ingramcontent.com/pod-product-compliance
Lightning Source LLC
LaVergne TN
LVHW012332170726
843503LV00002B/820